Tous les genres de chiens Le livre de coloration
de race de chien

Young Scholar

Young Scholar
An imprint of Ciparum LLC

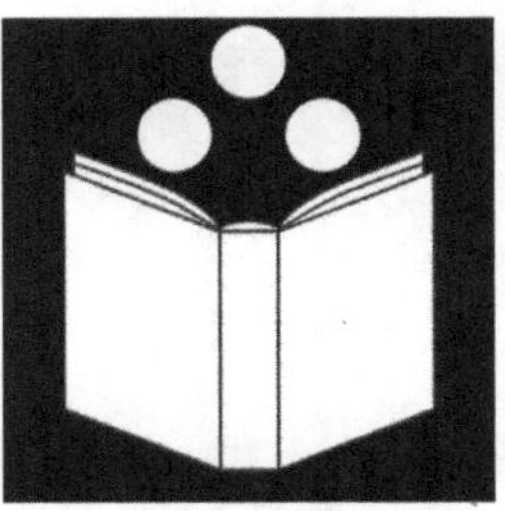

Tous les genres de chiens Le livre de coloration de race de chien
© 2017 Ciparum LLC
All rights reserved.
ISBN-10:1-63589-246-5
ISBN-13:978-1-63589-246-8

www.youngscholar.co

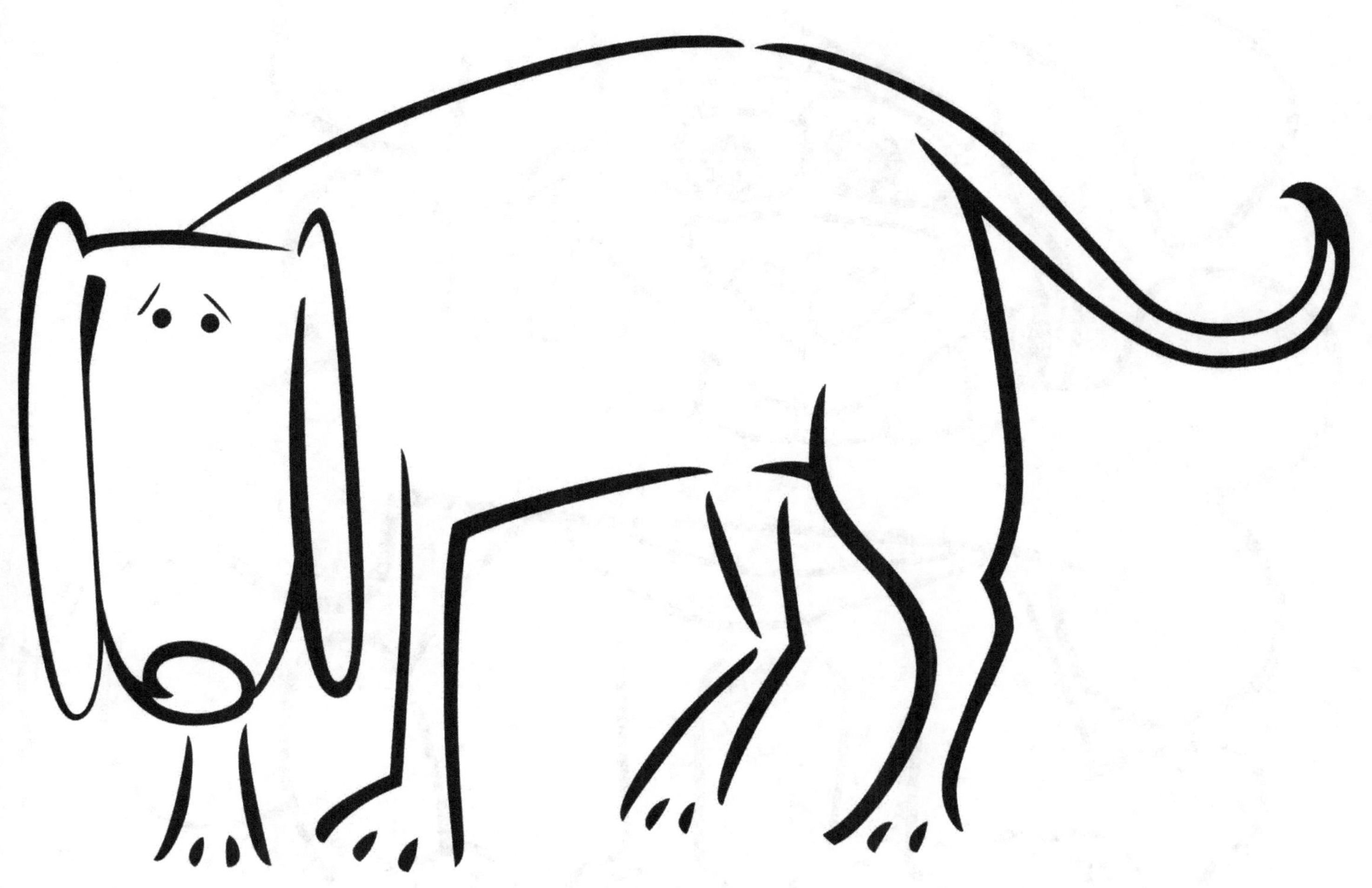

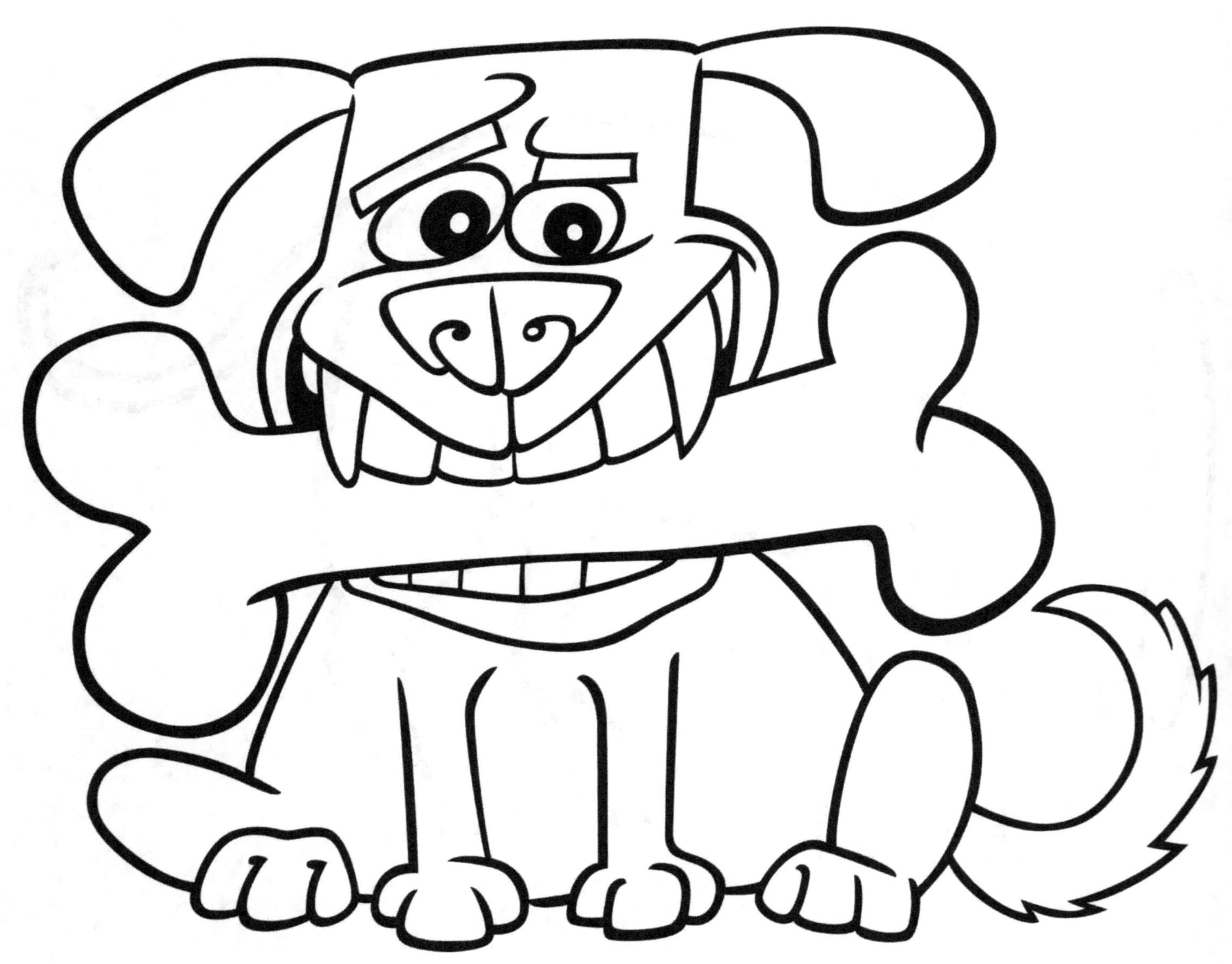

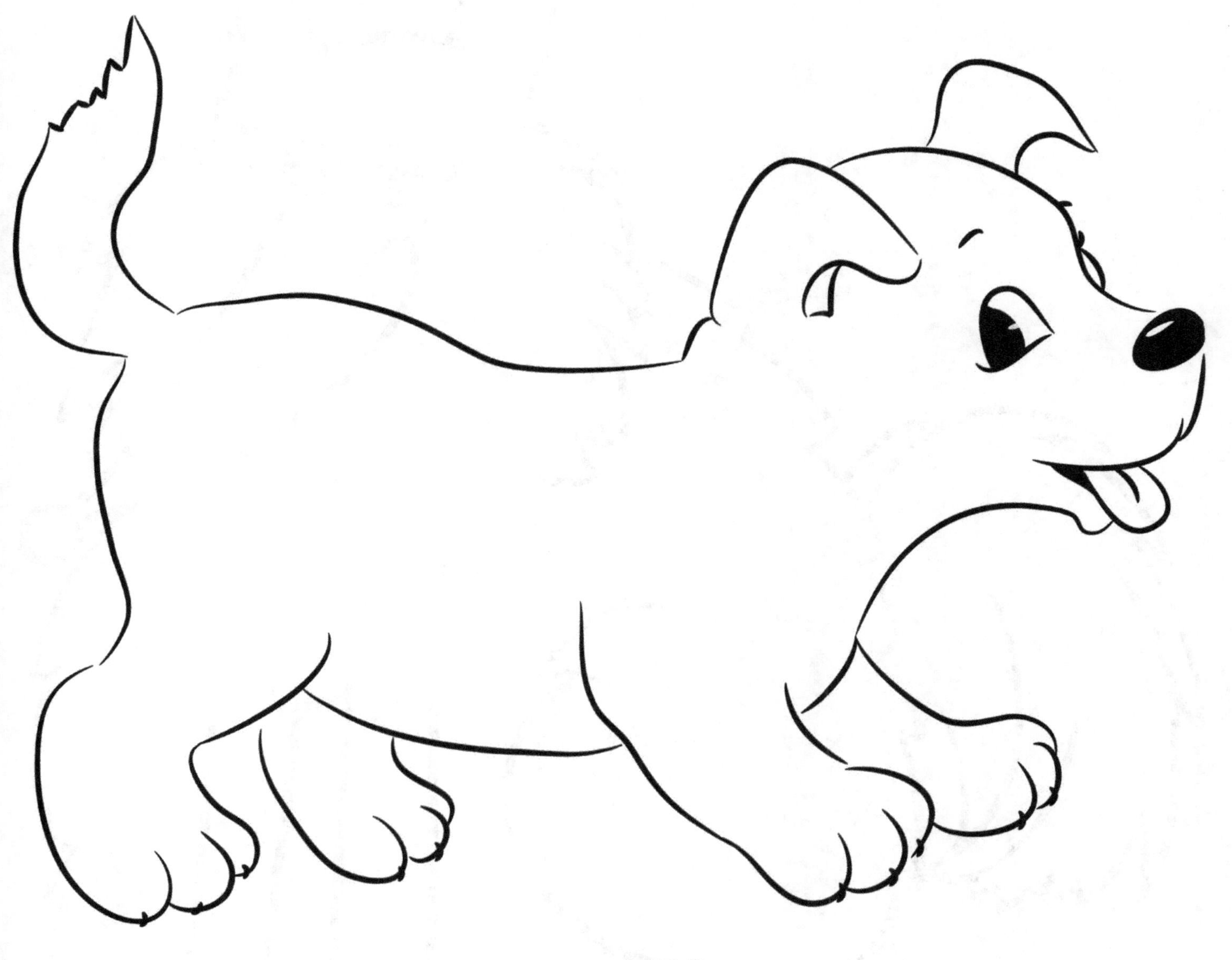

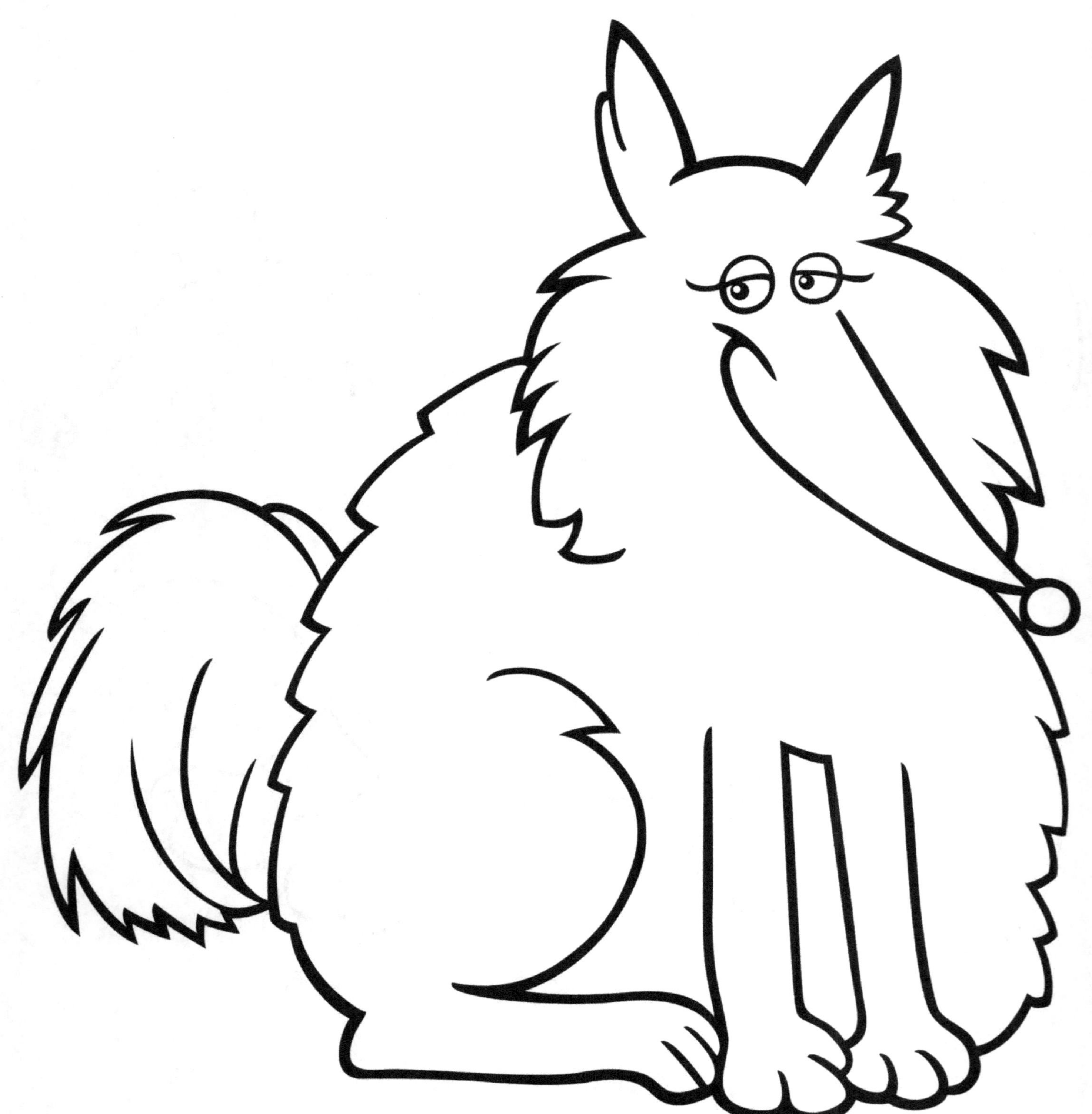

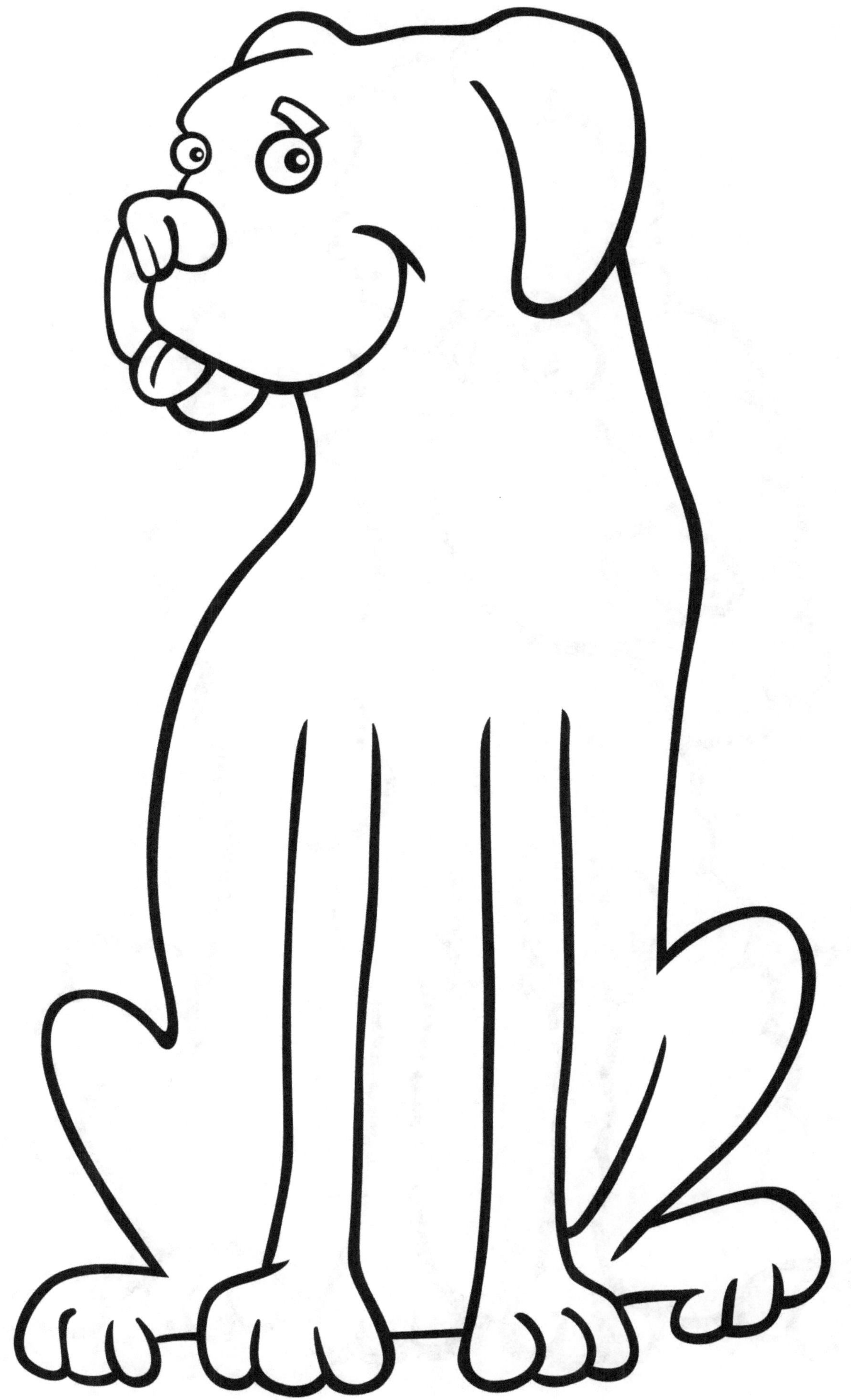

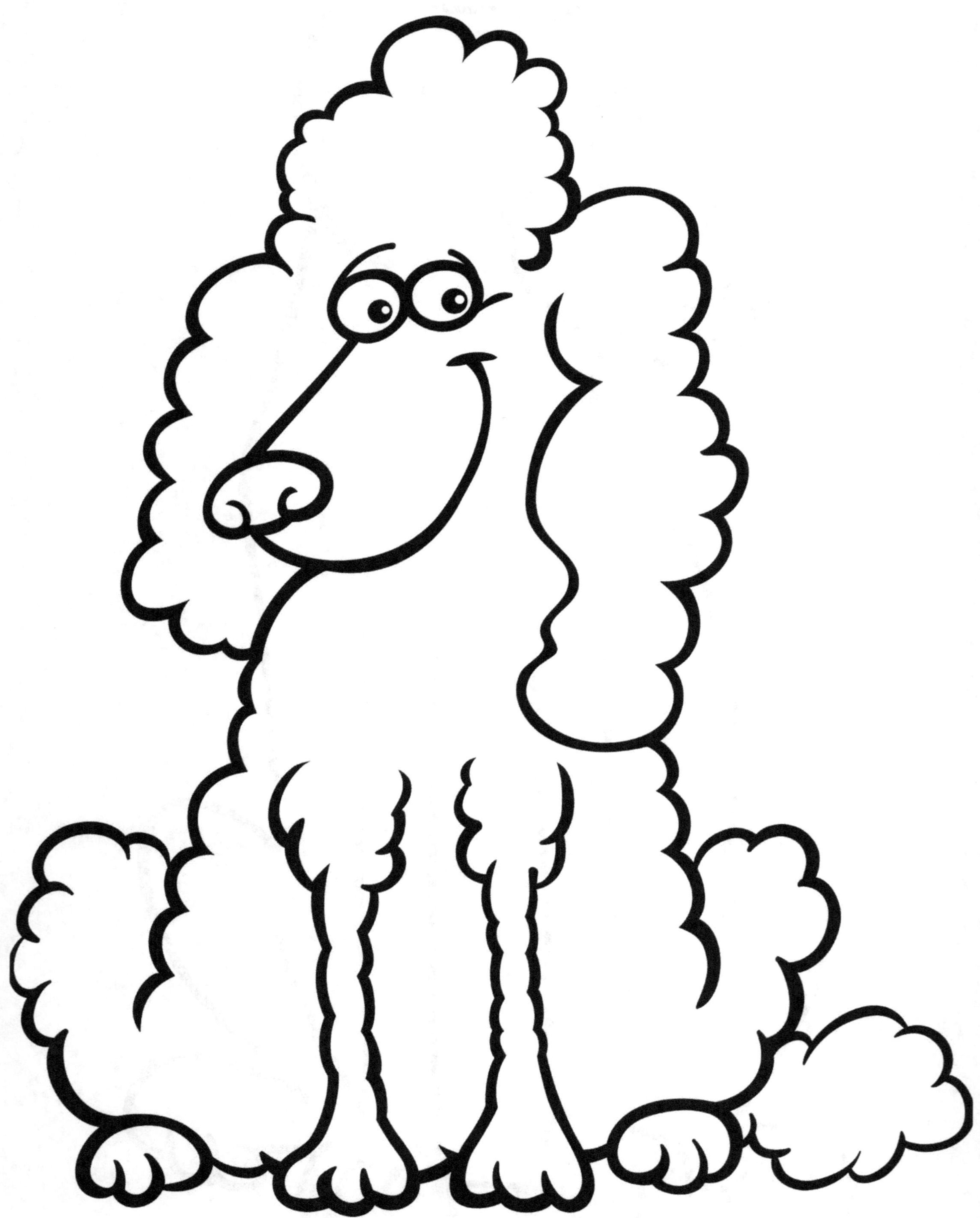

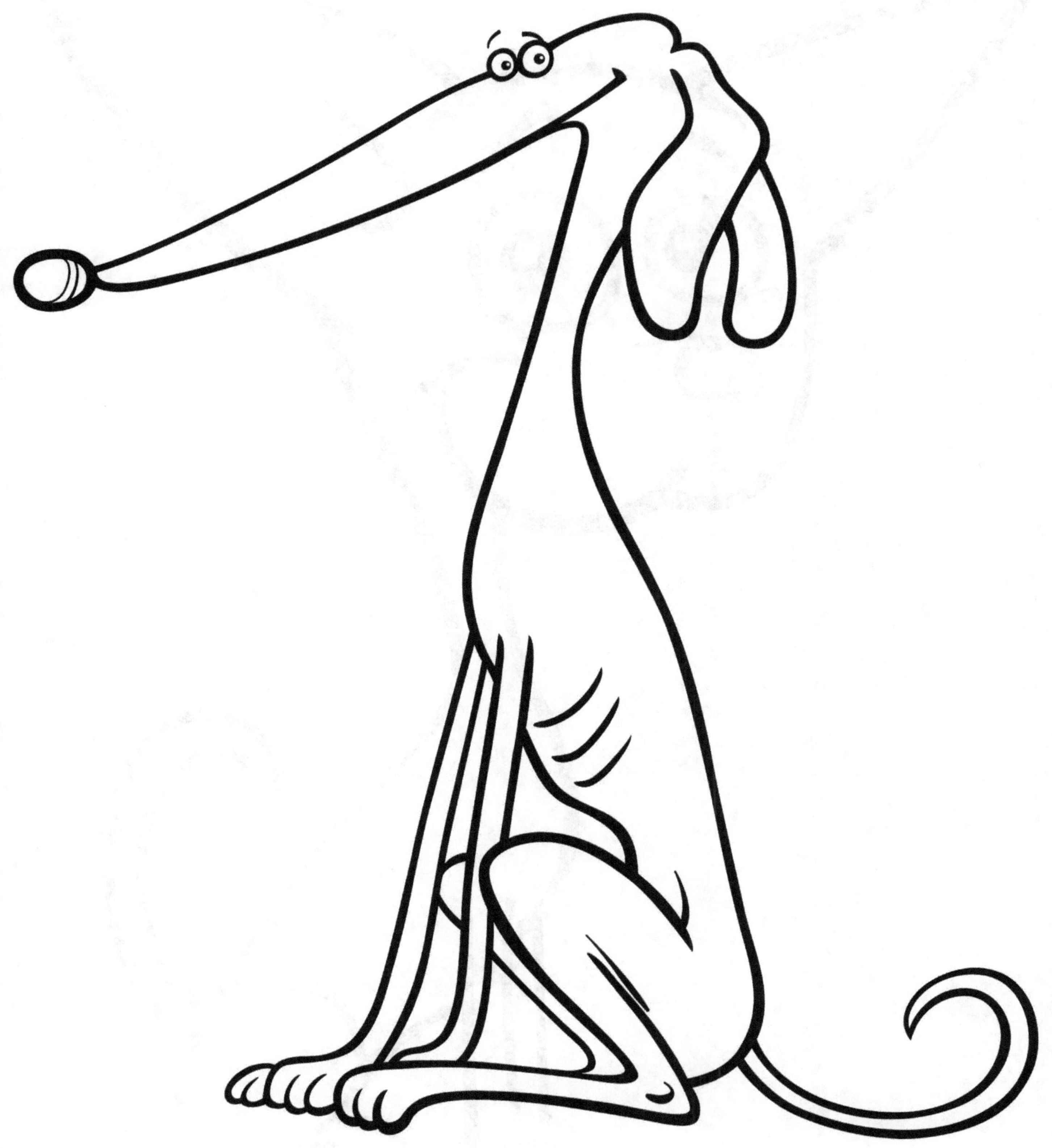

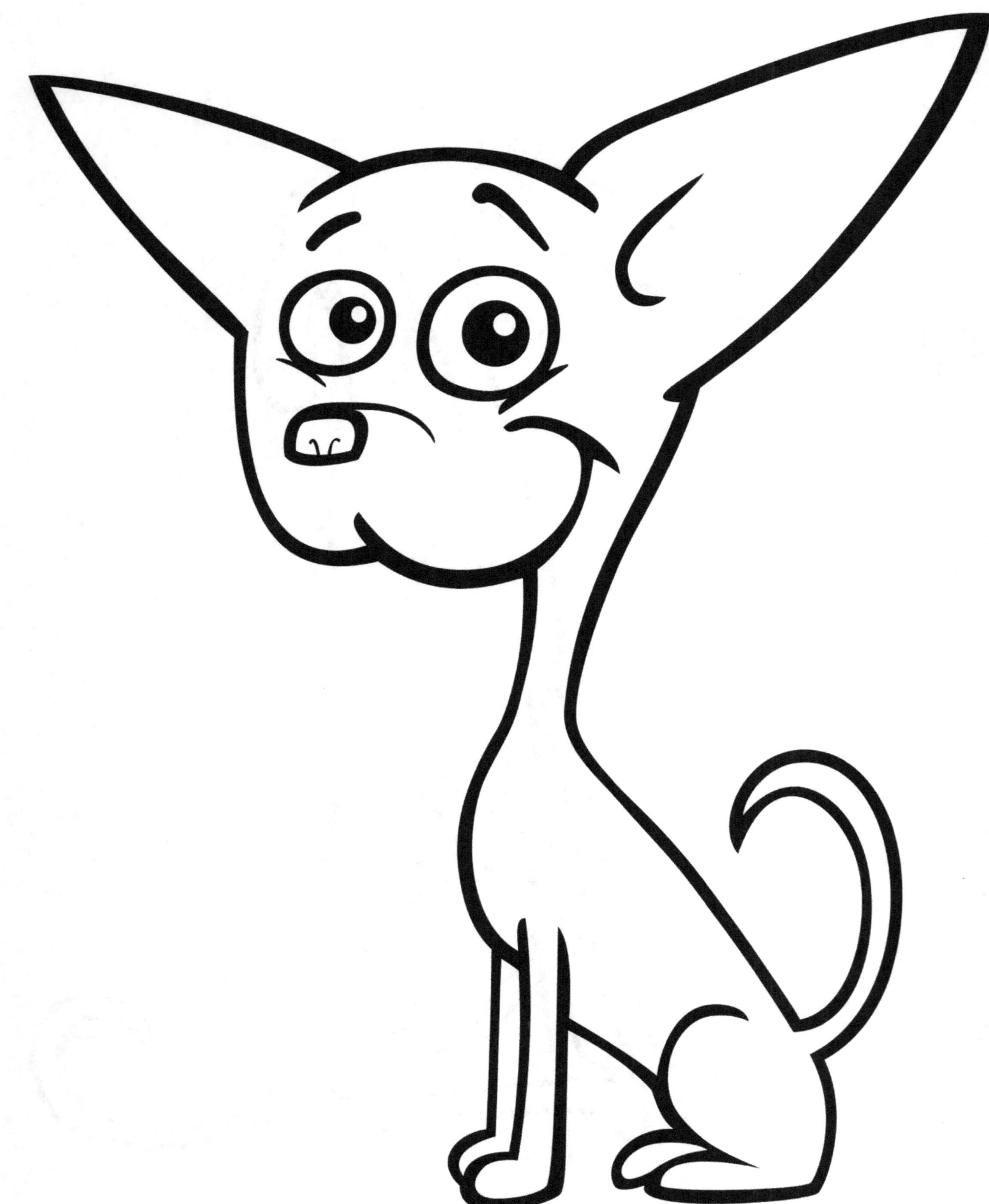

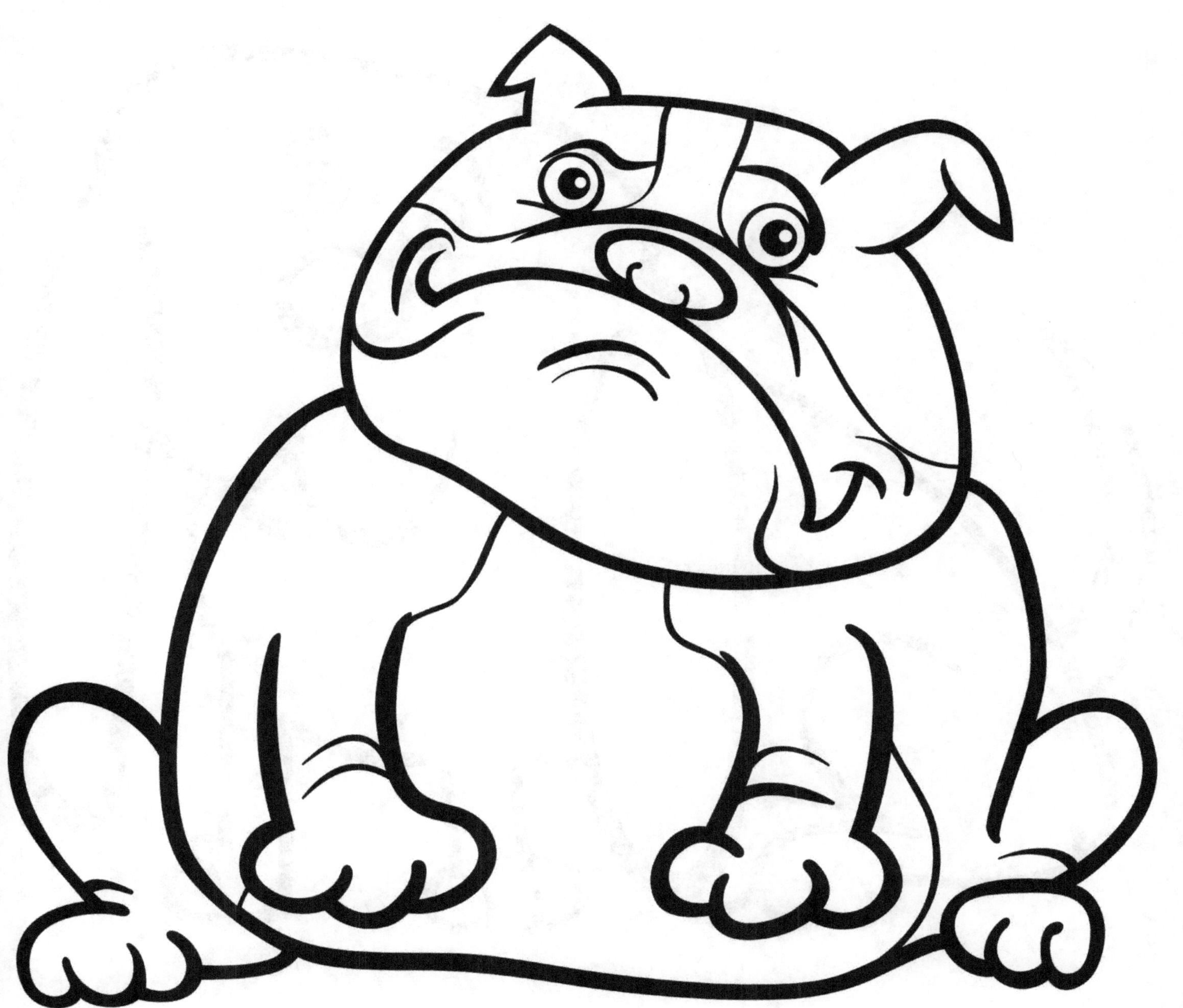

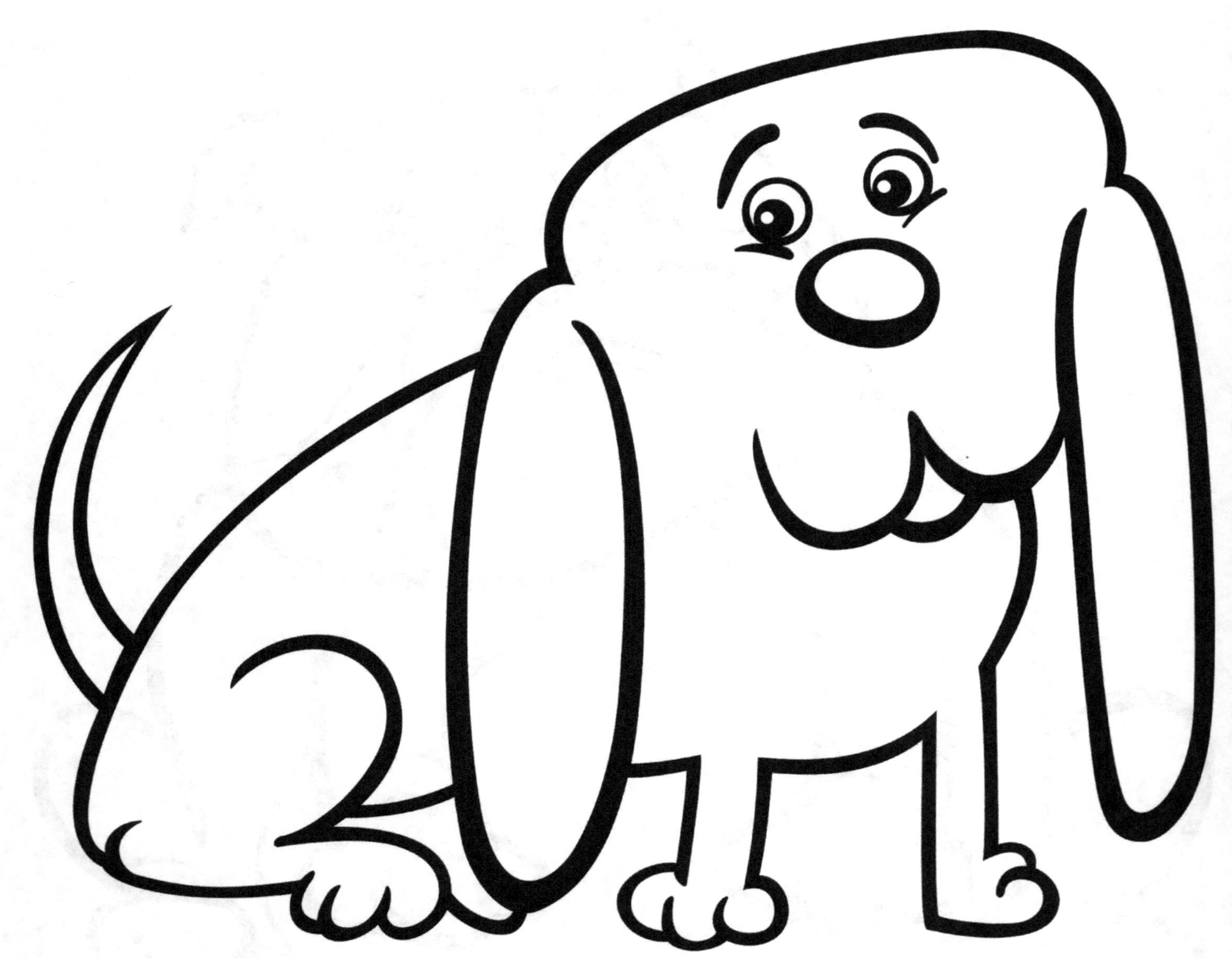

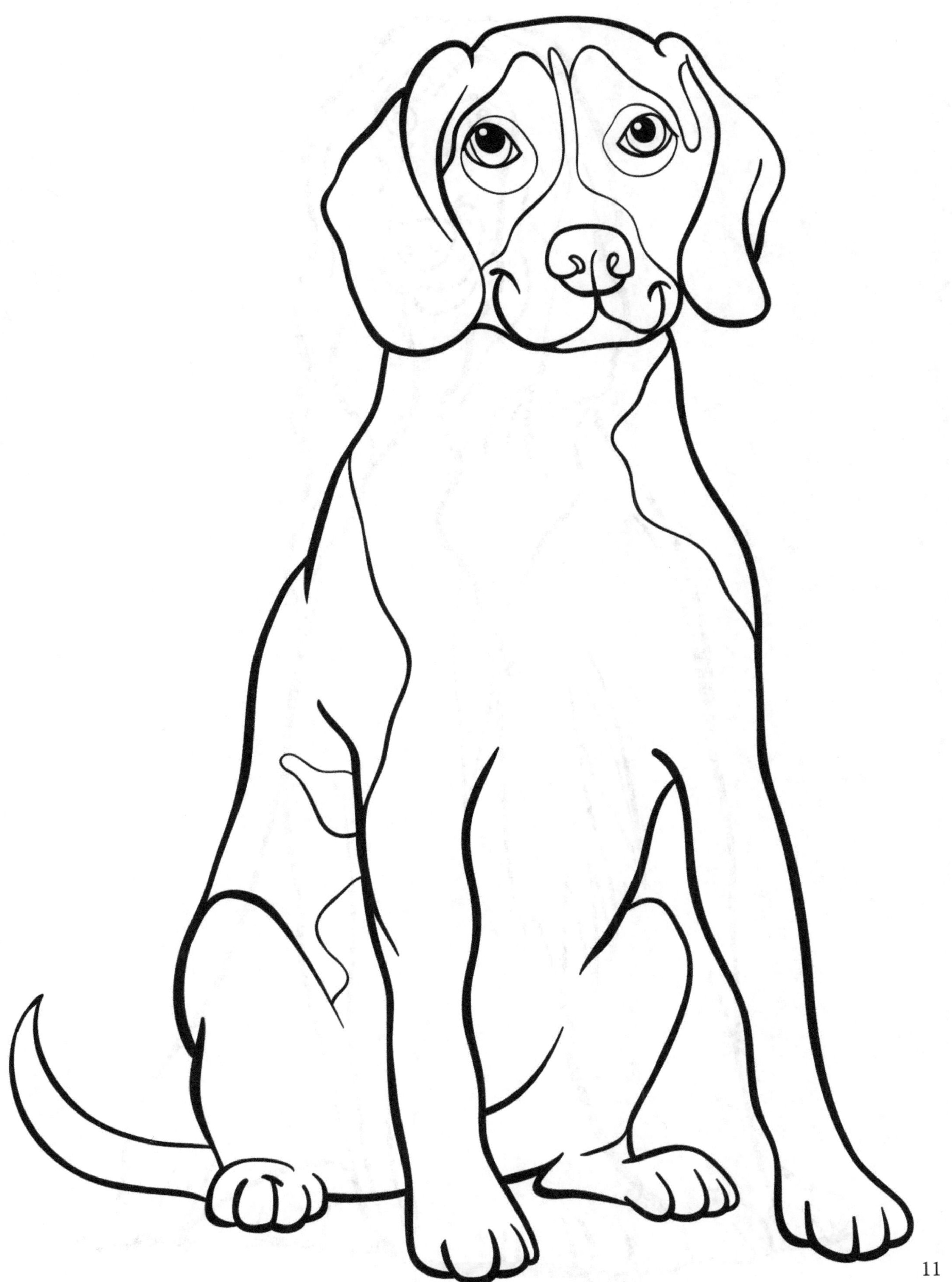

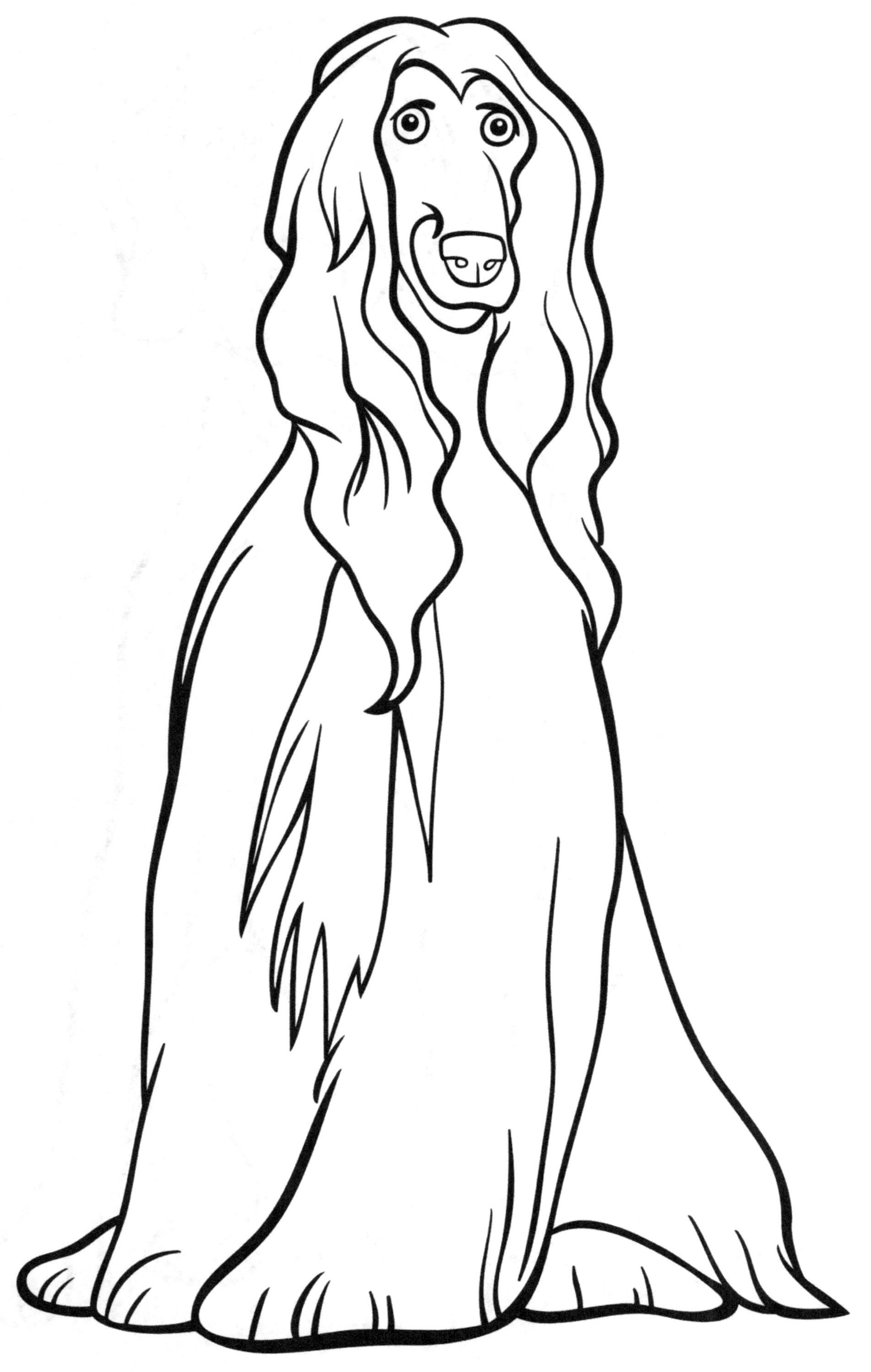

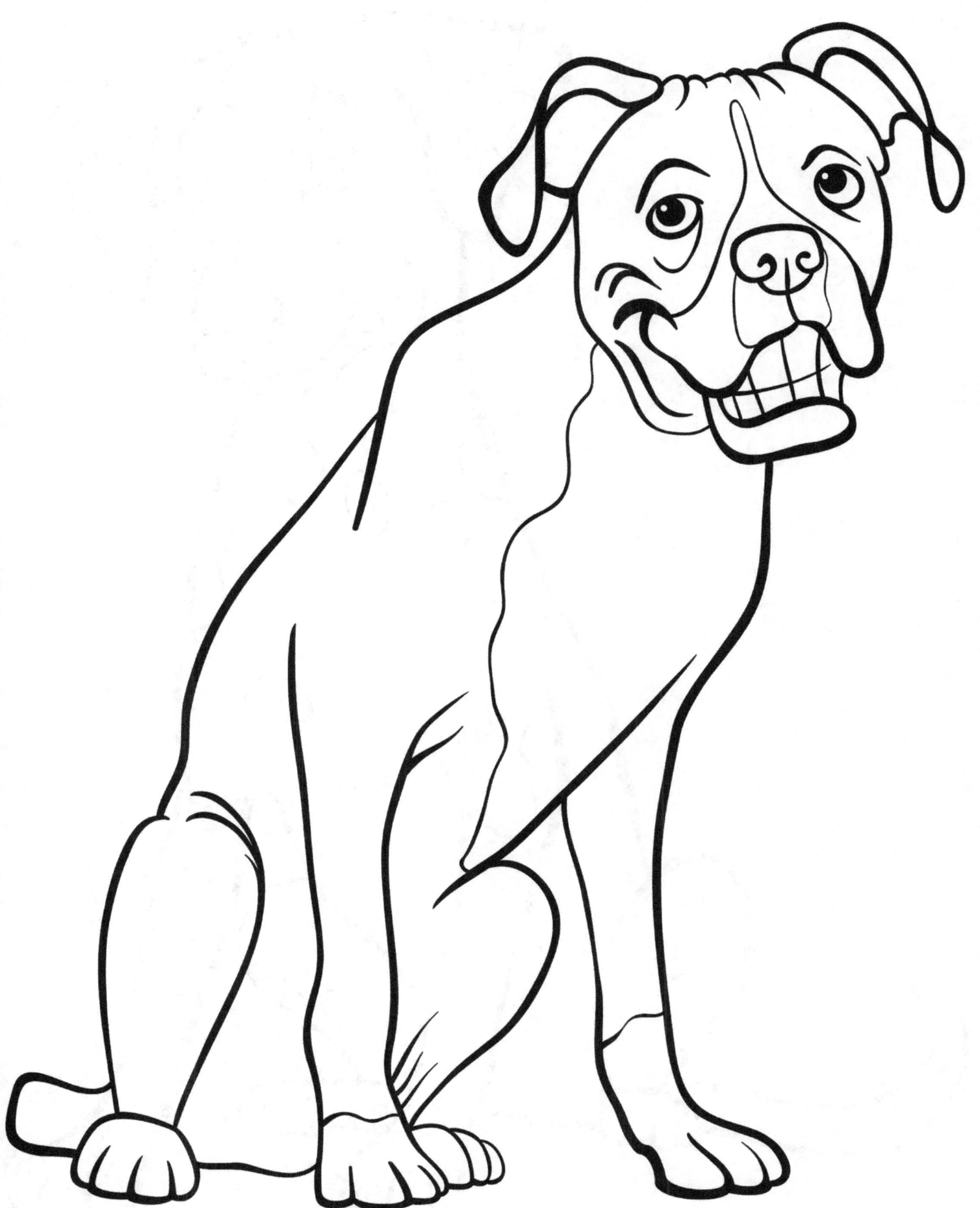

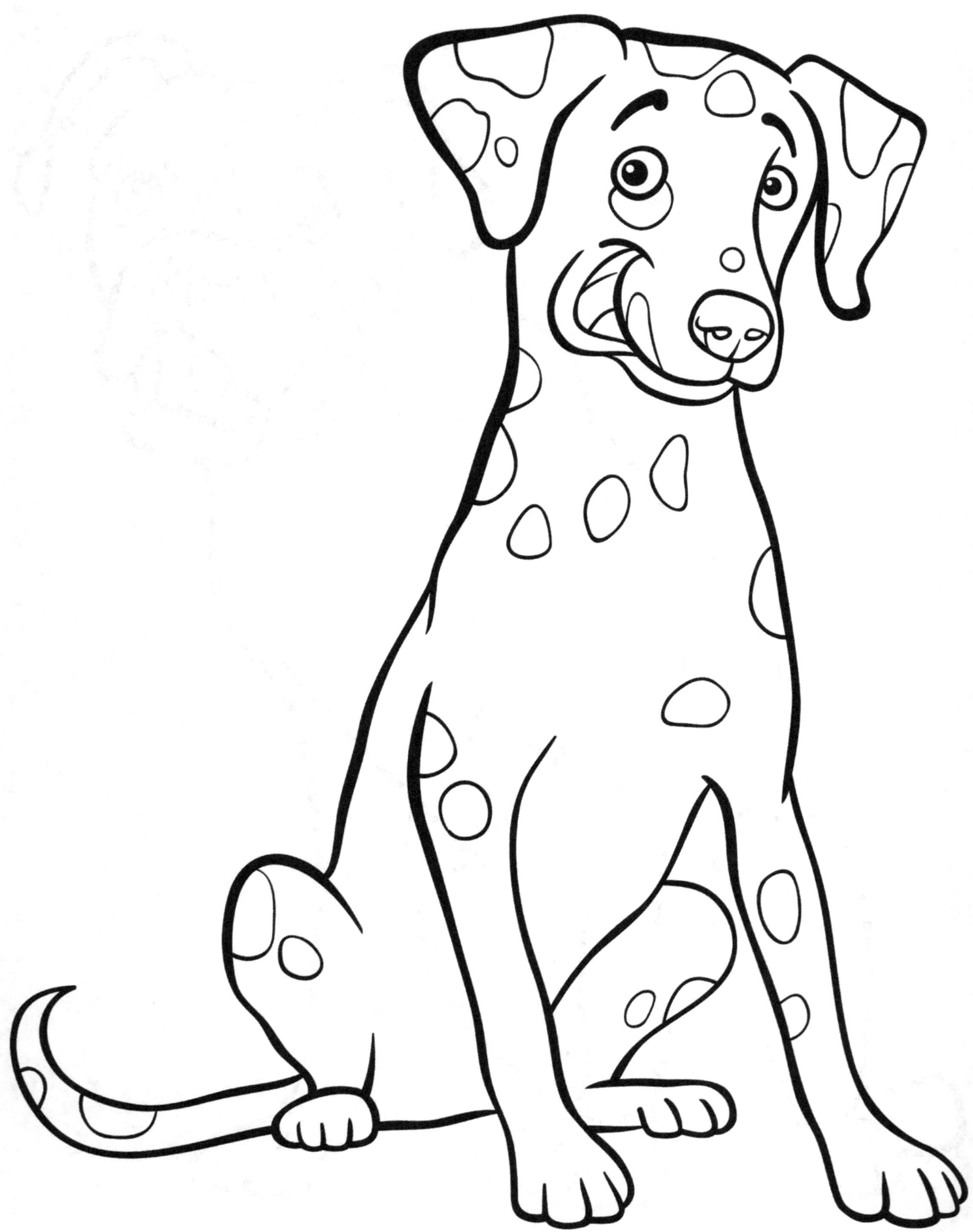

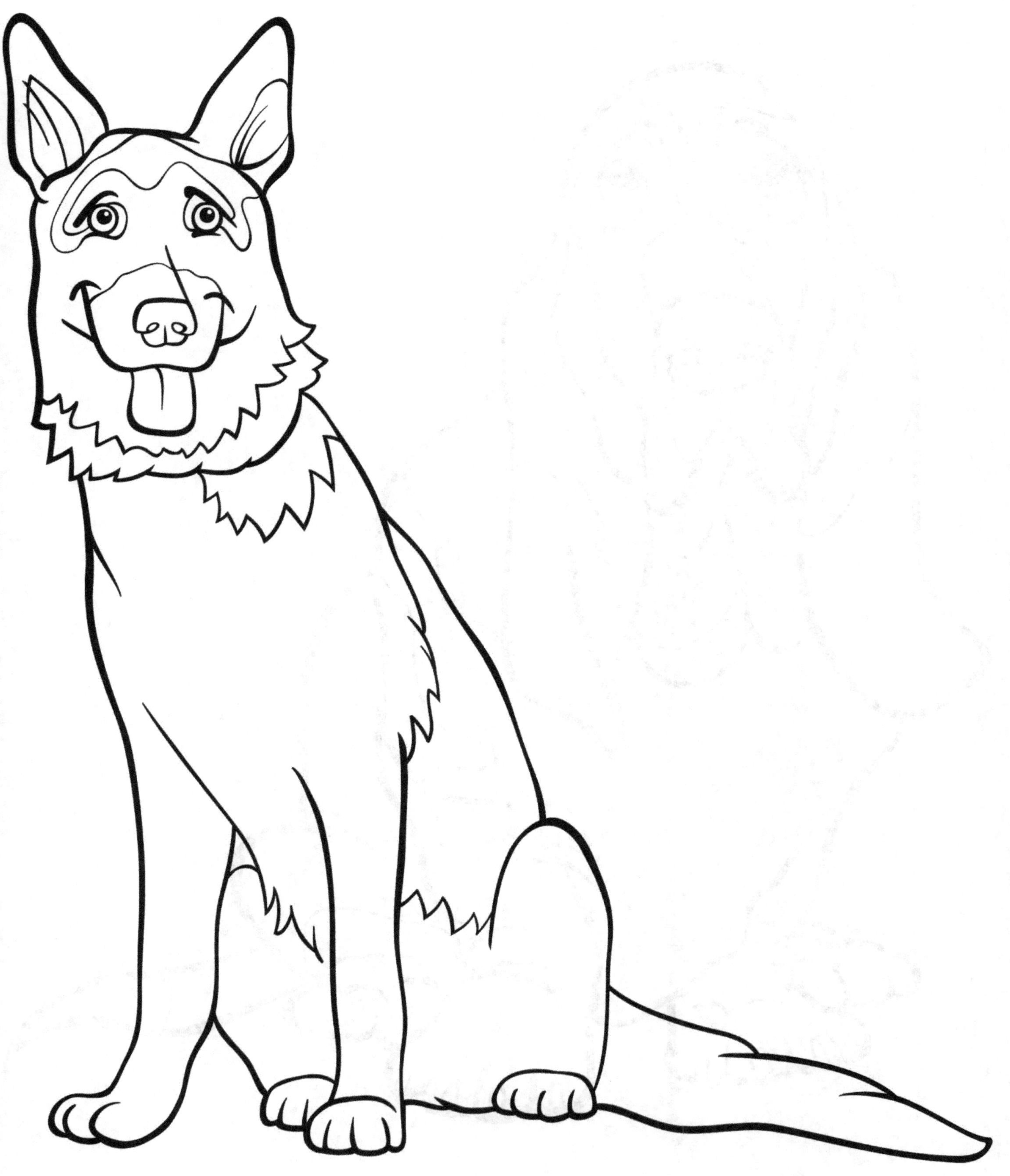

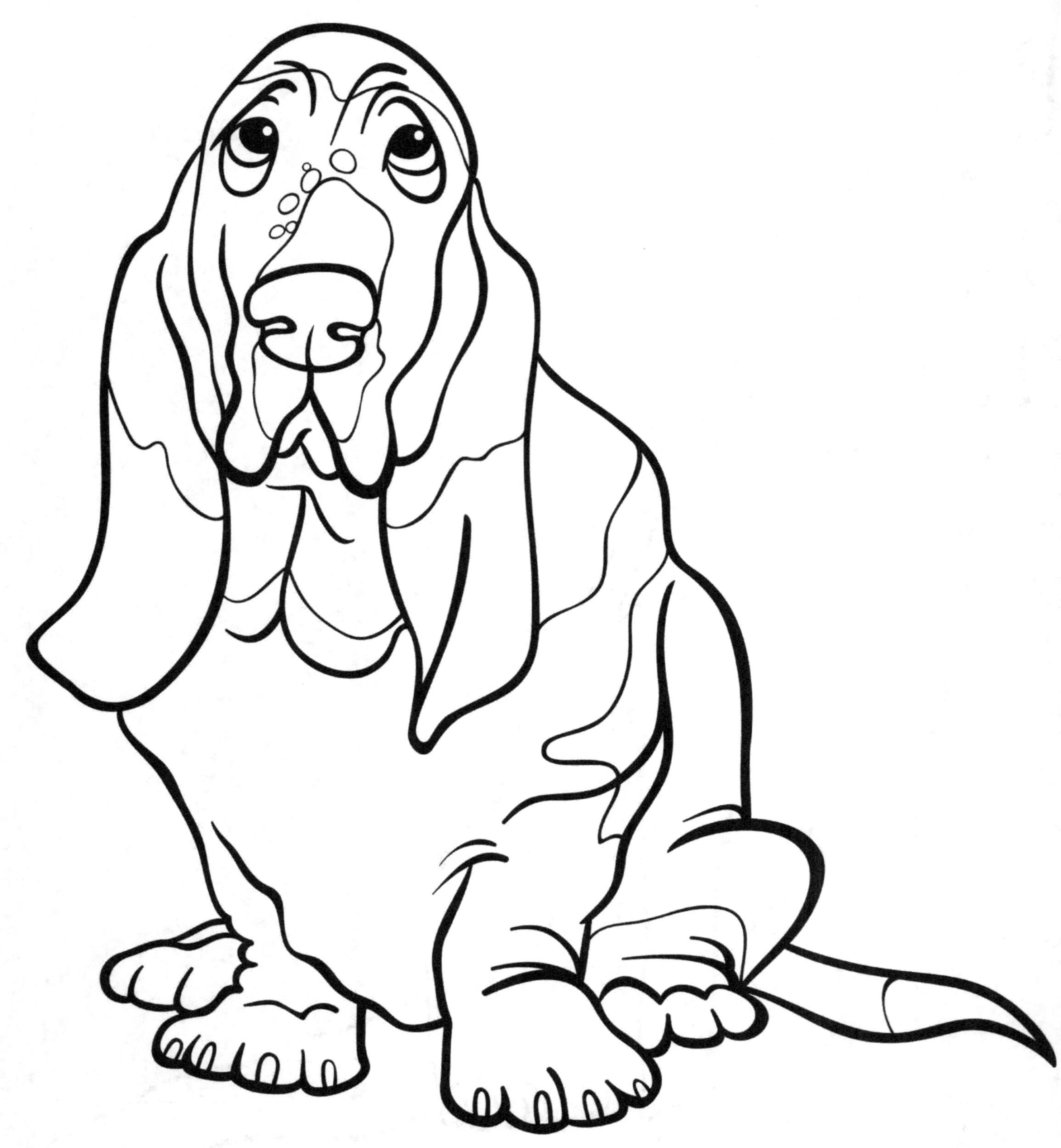

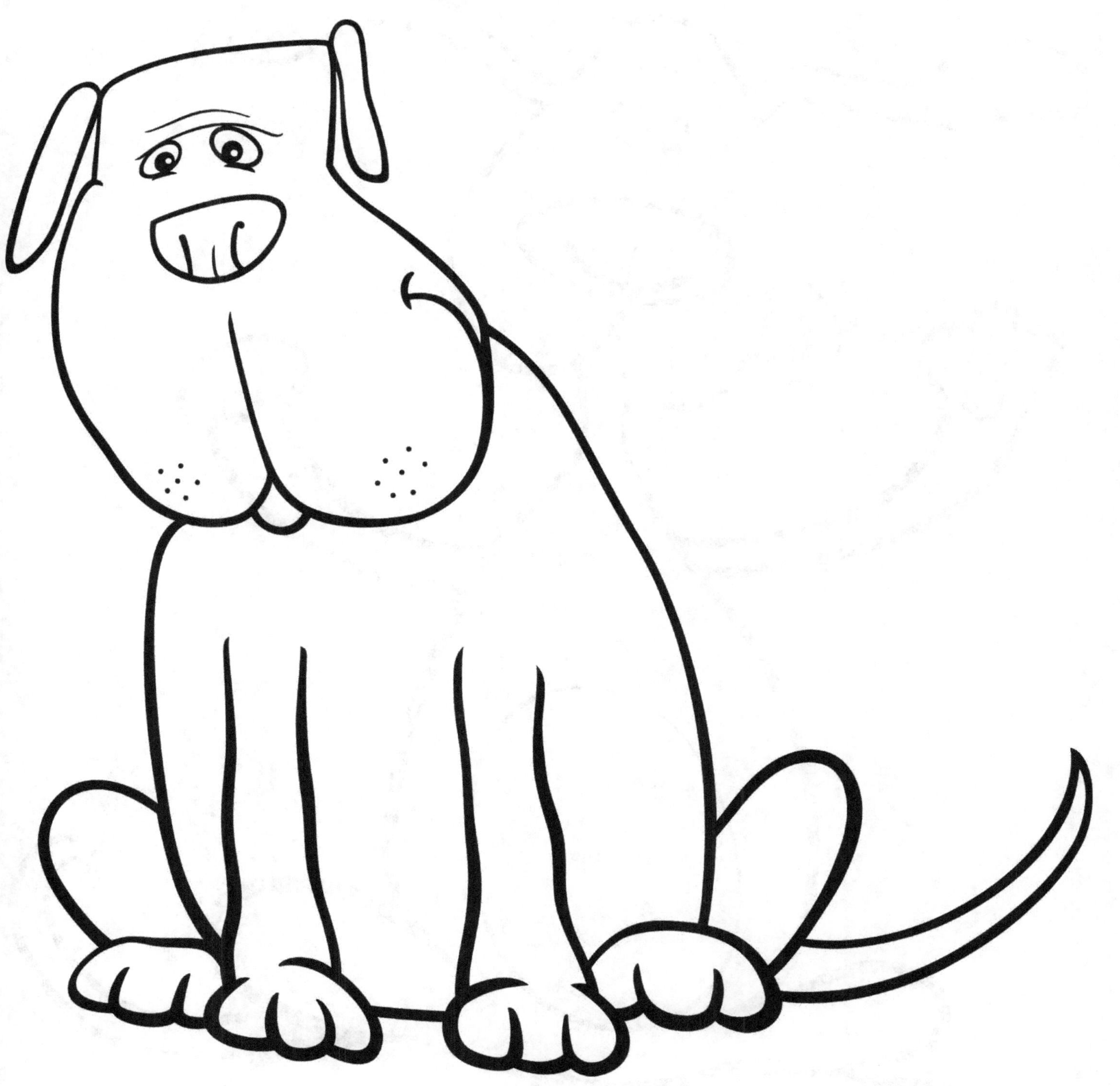

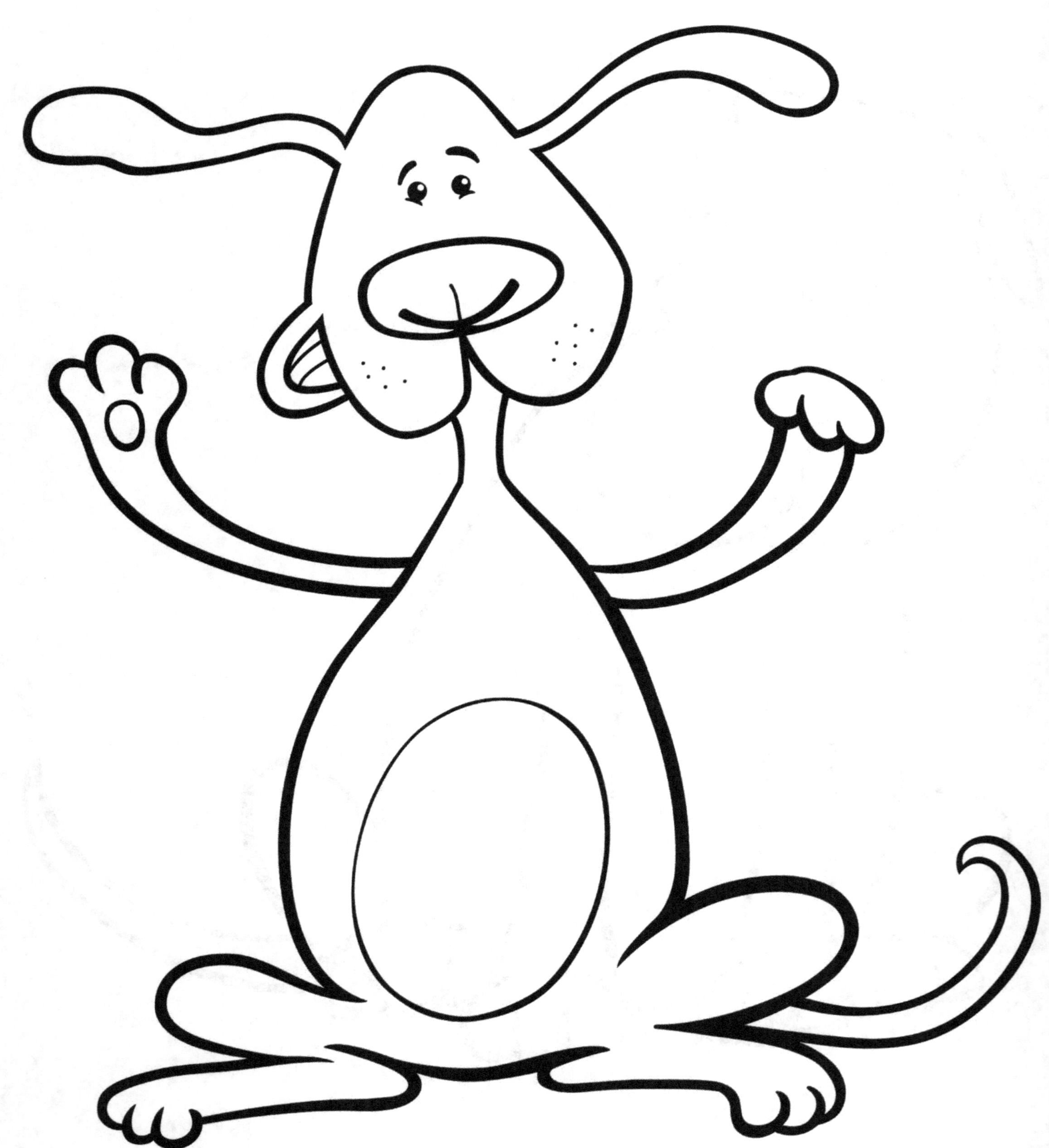

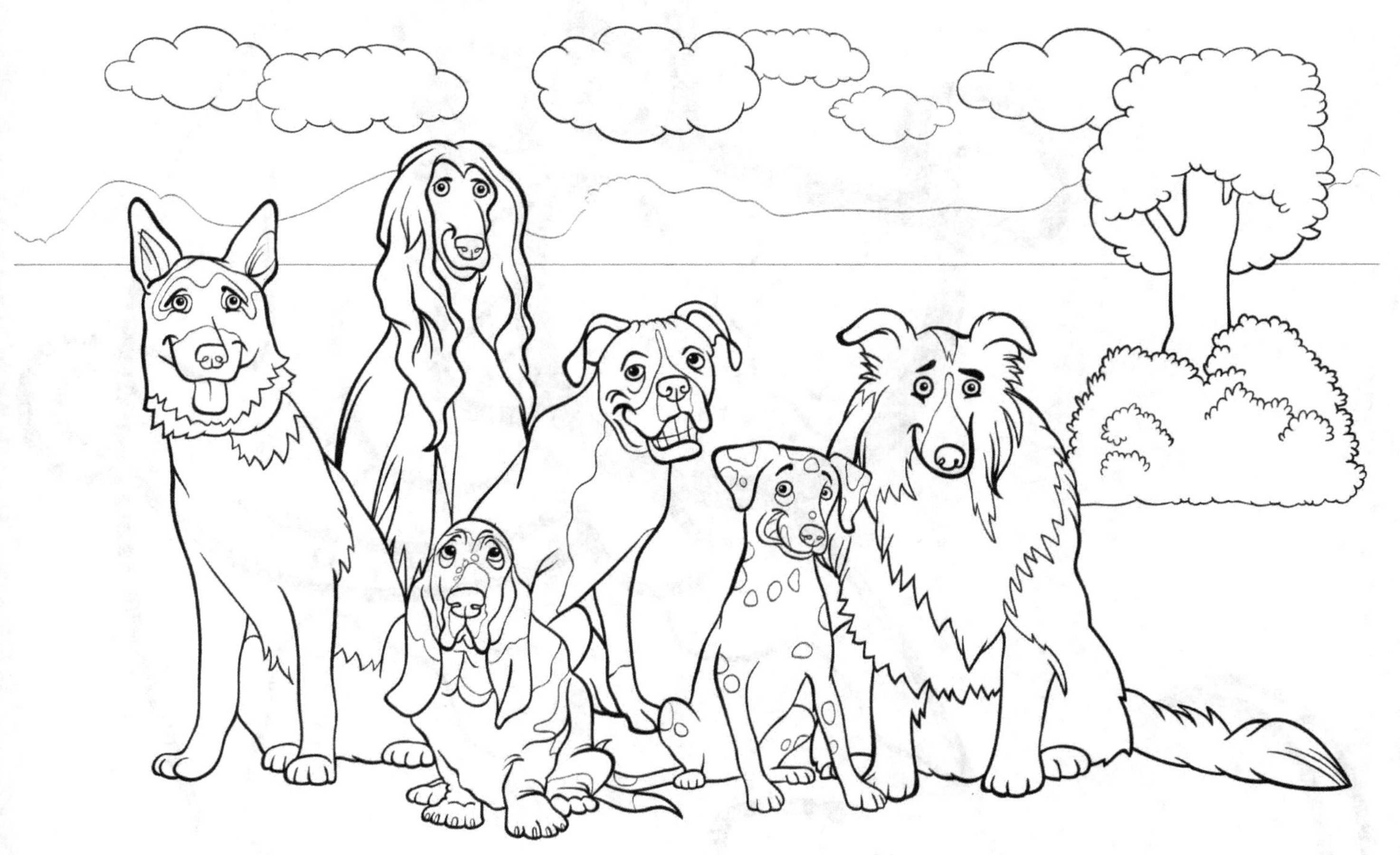

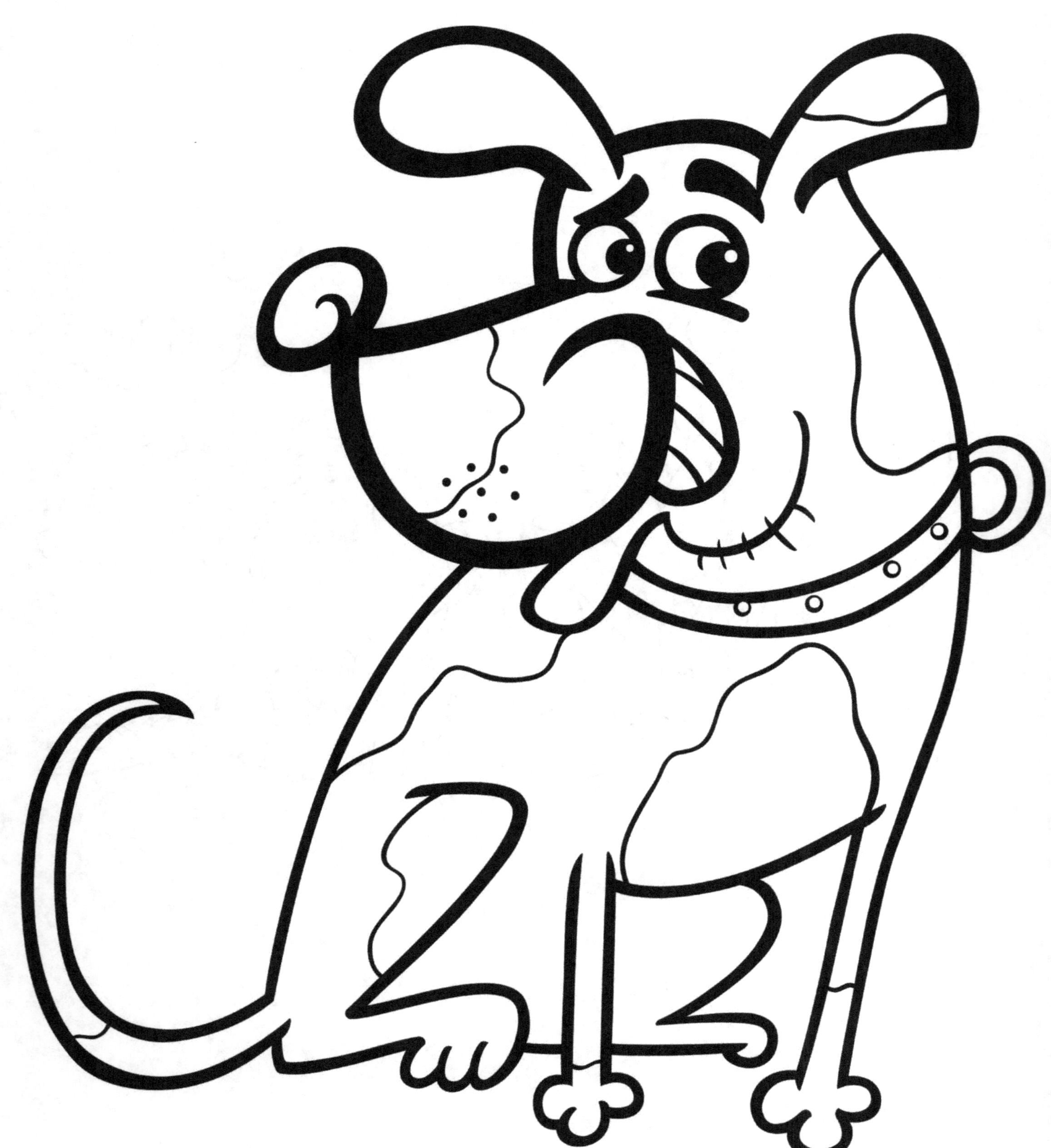

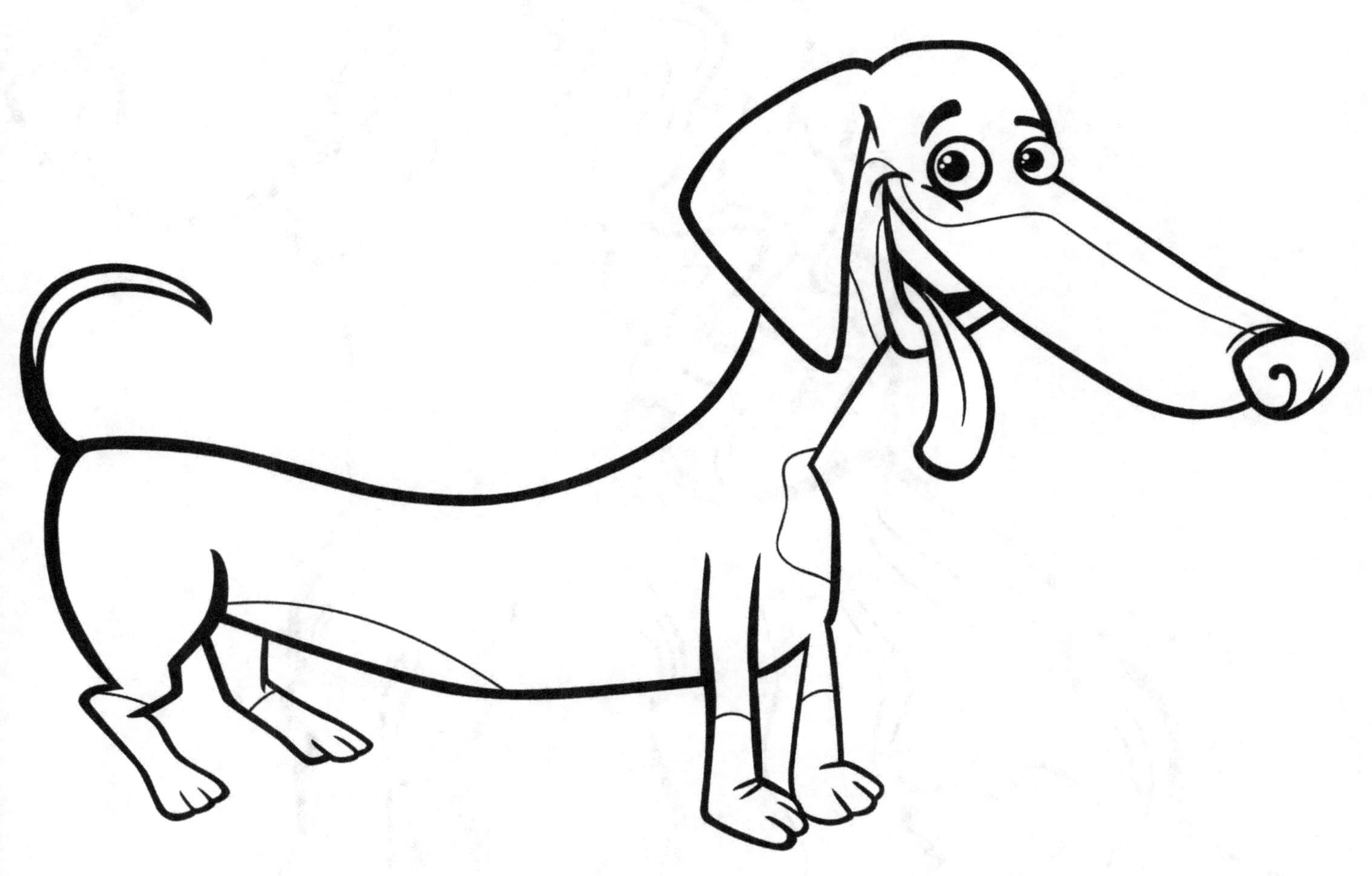

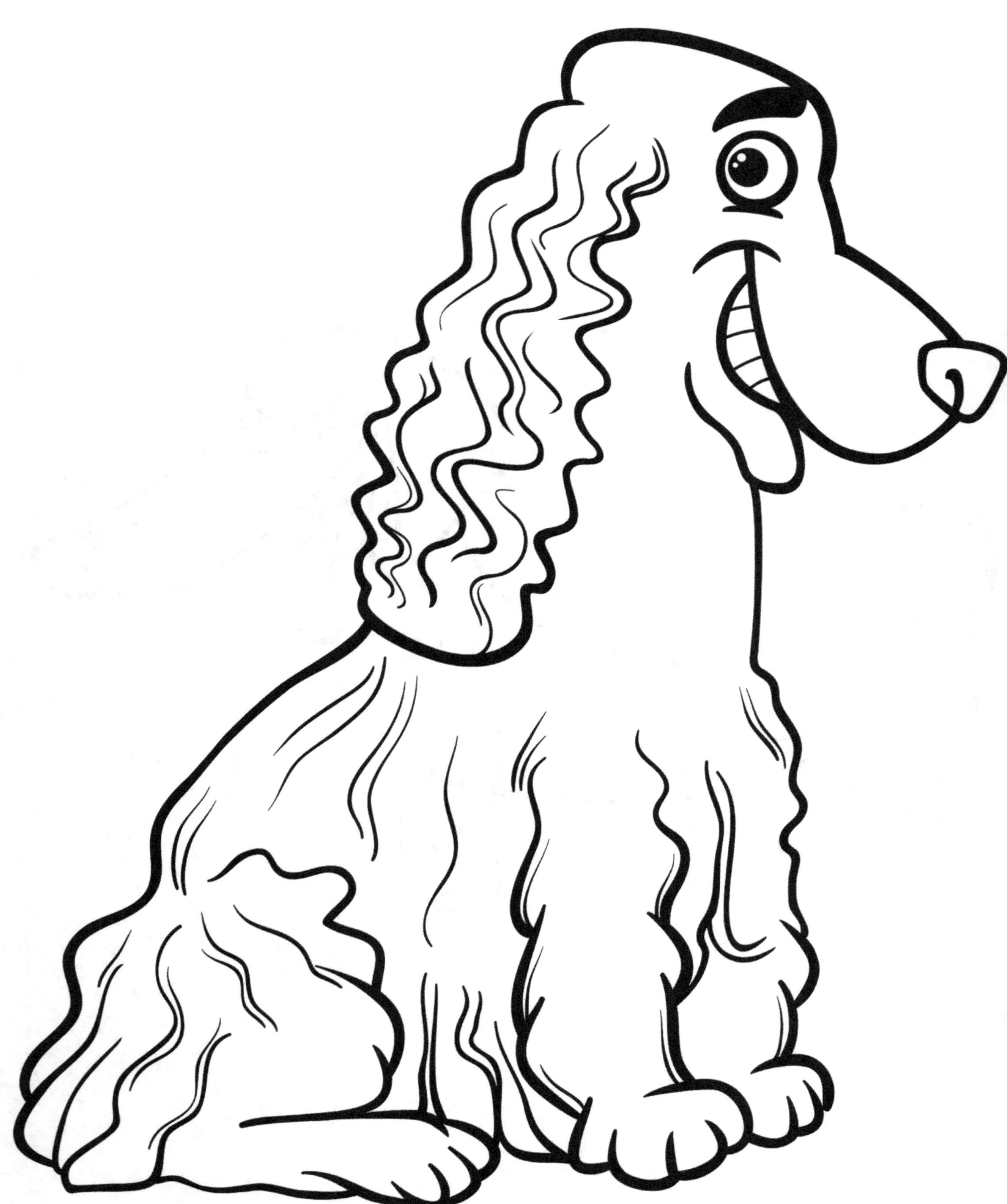

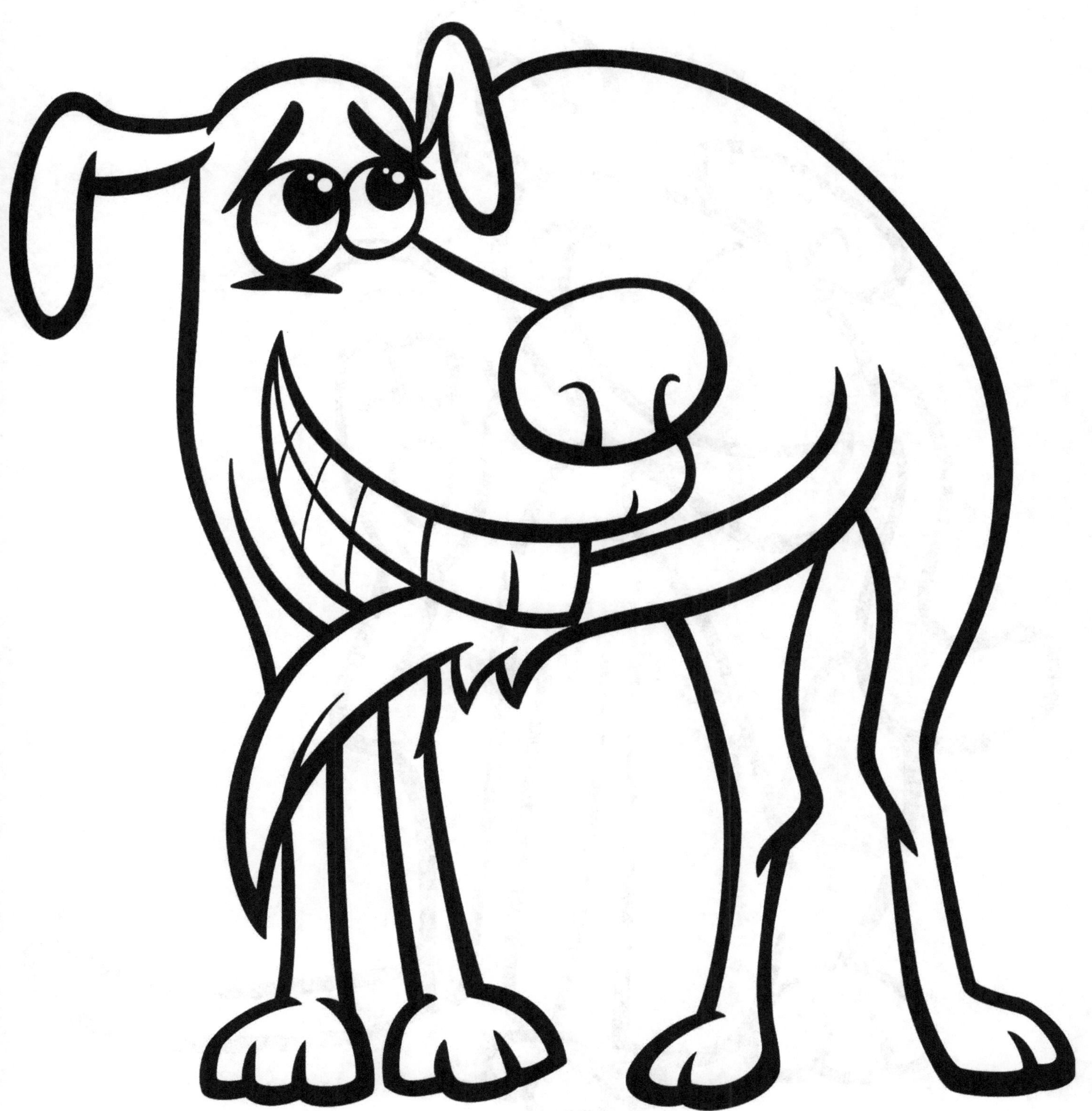

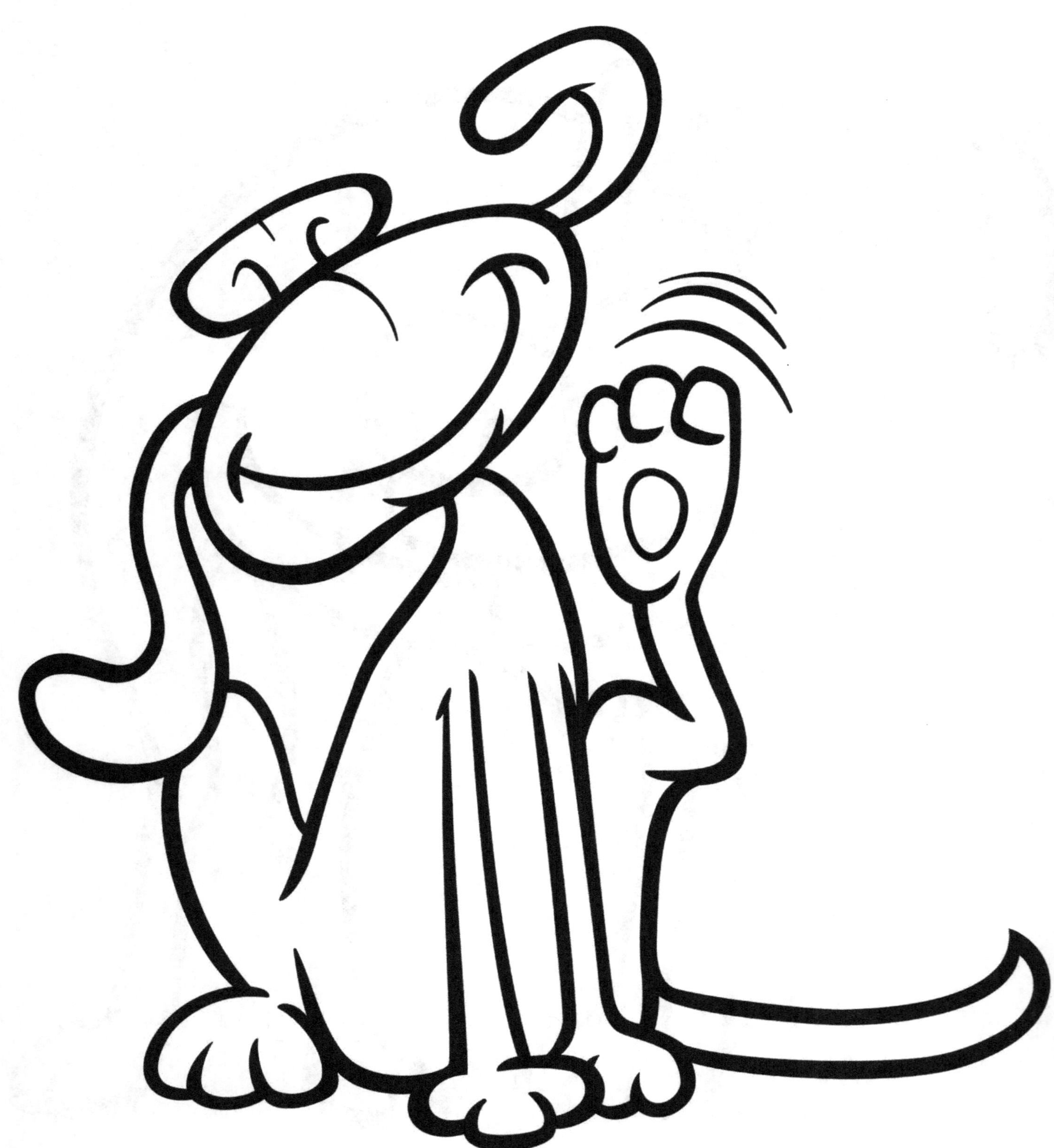

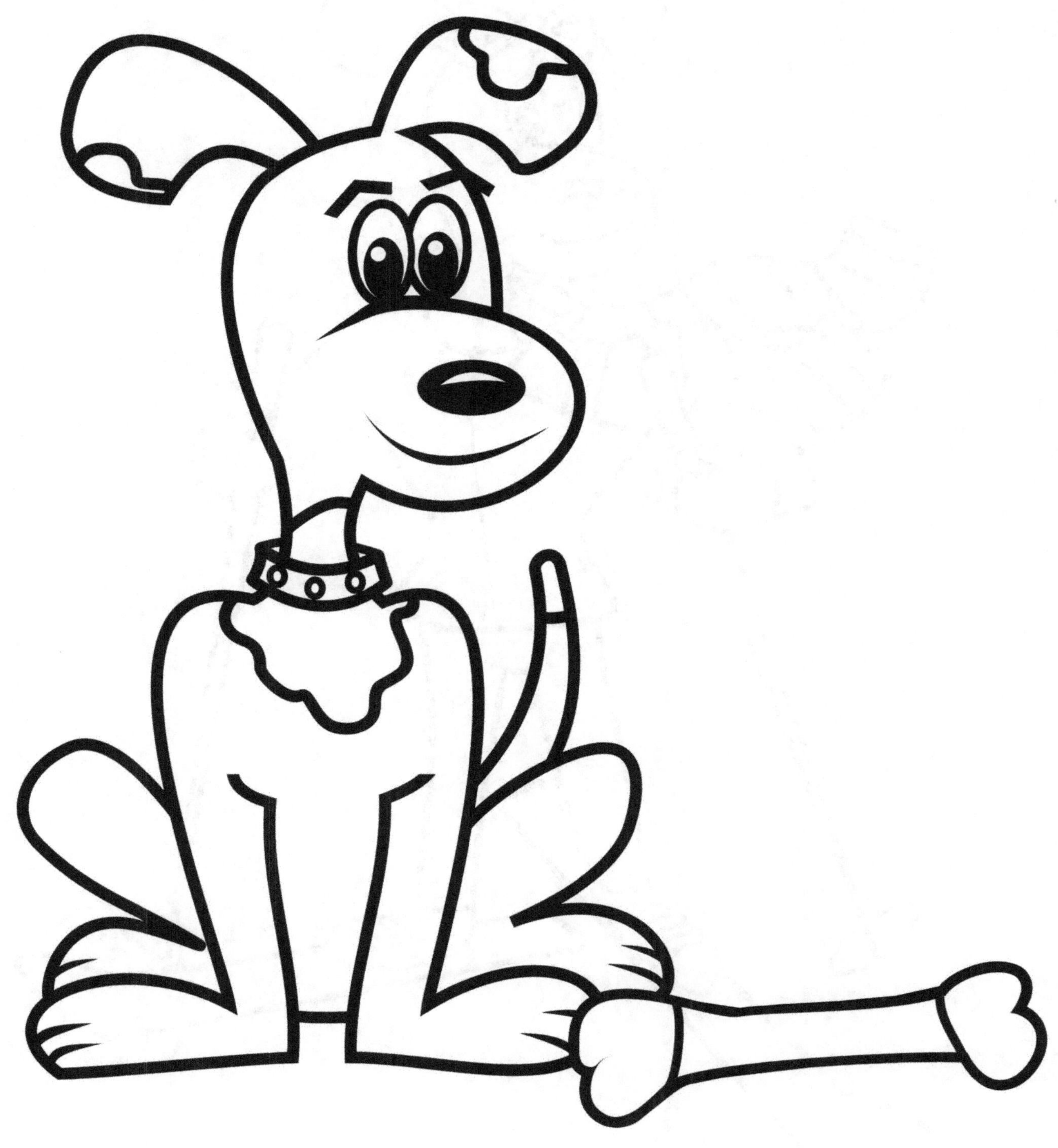

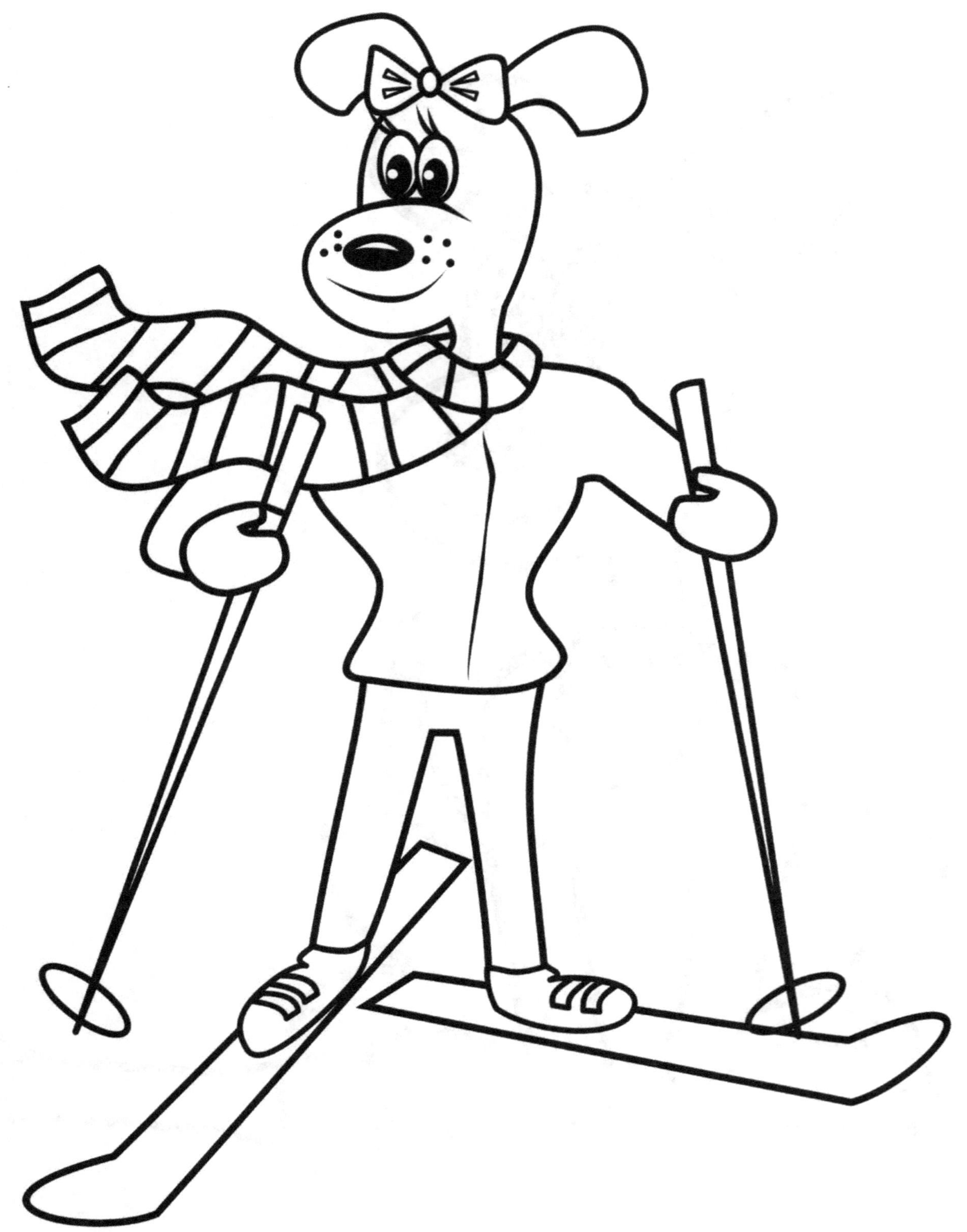

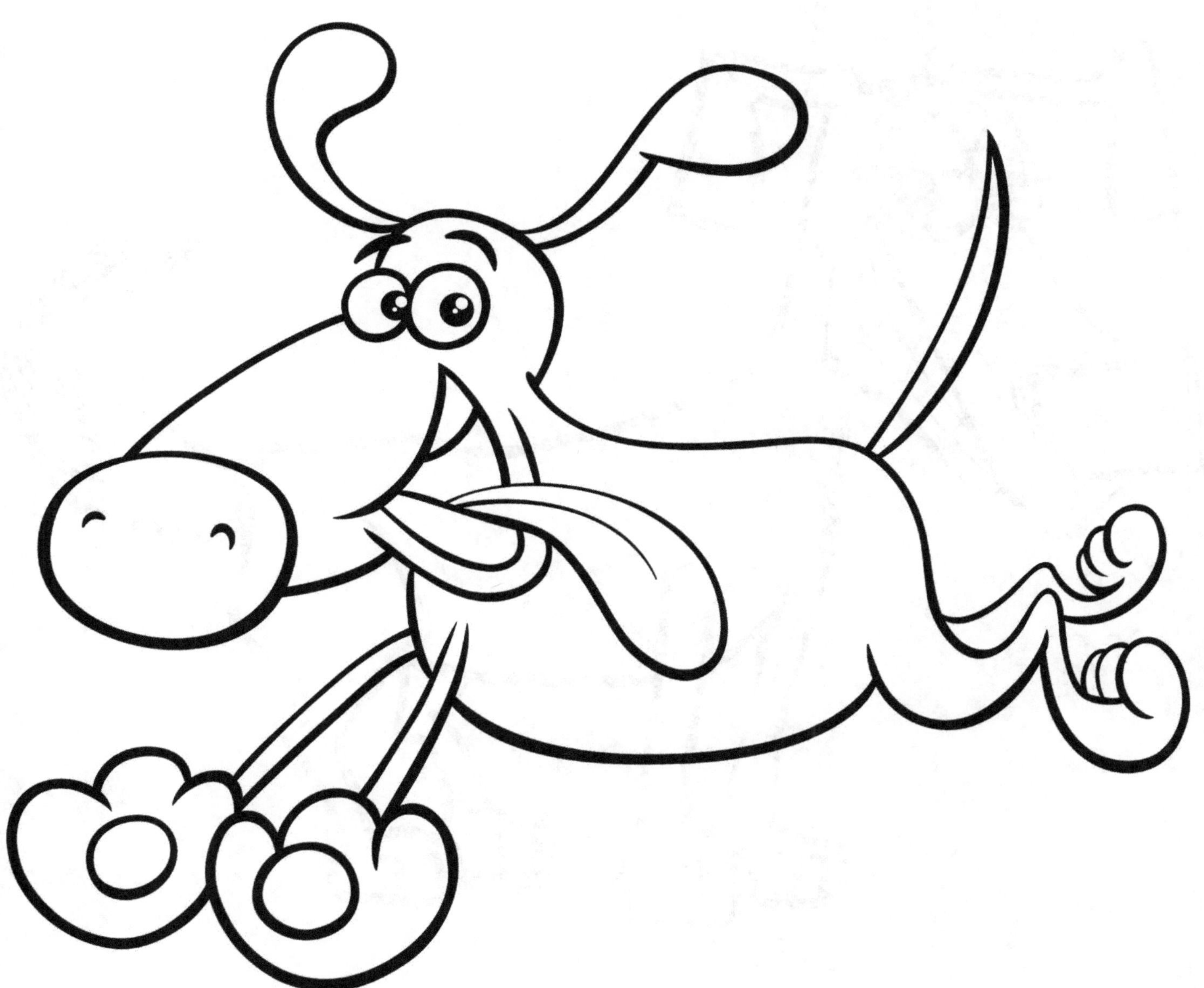

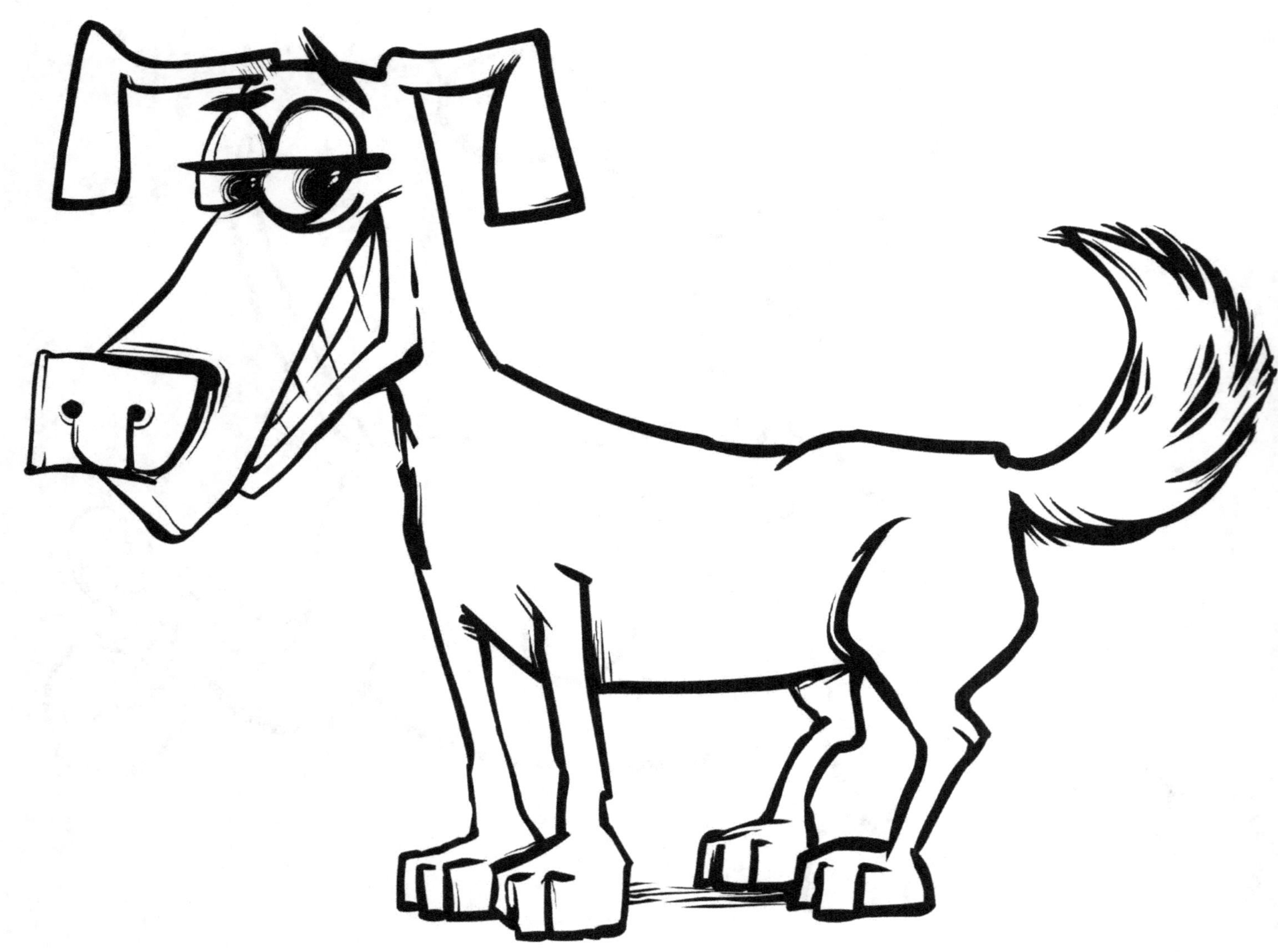

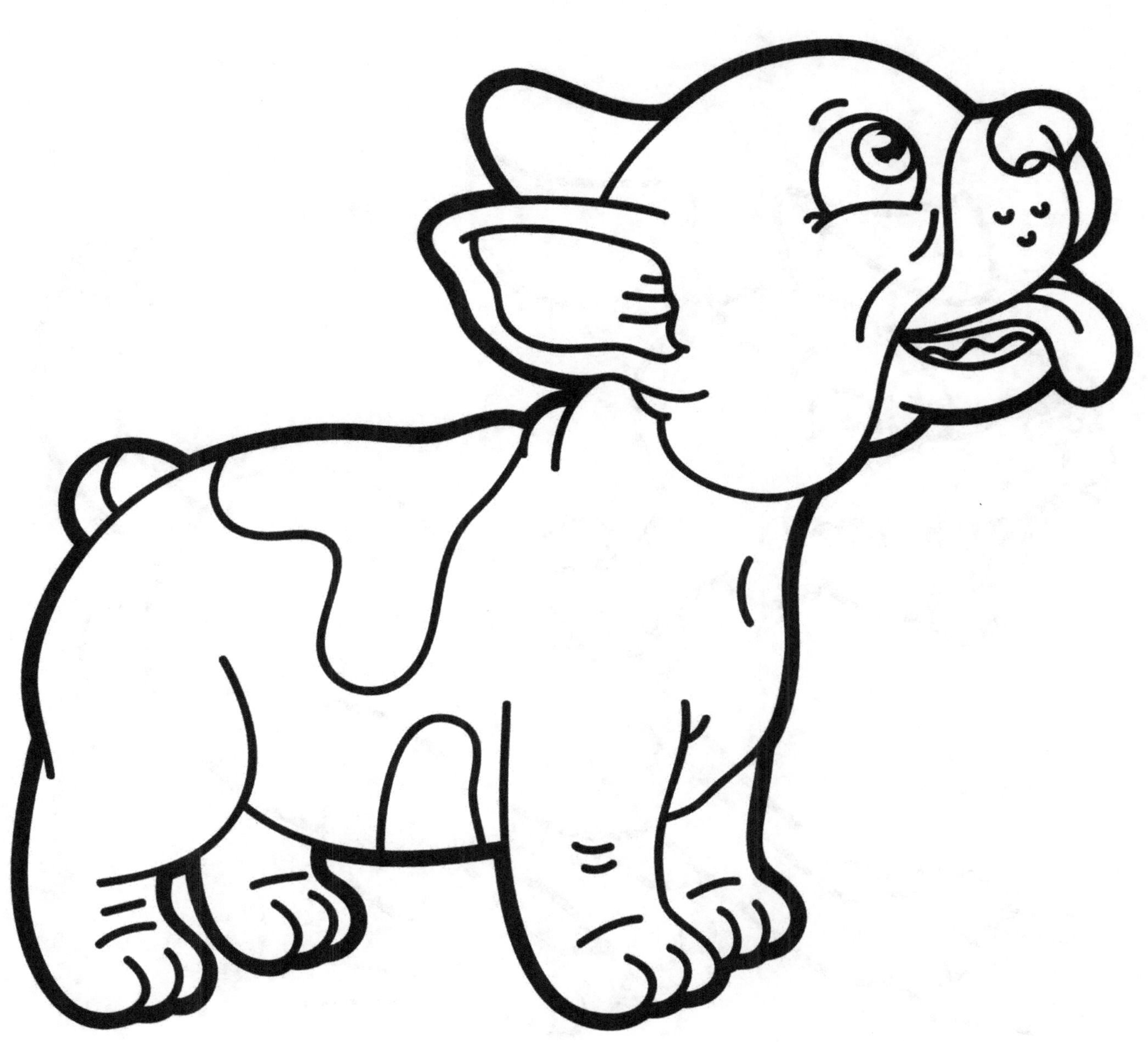

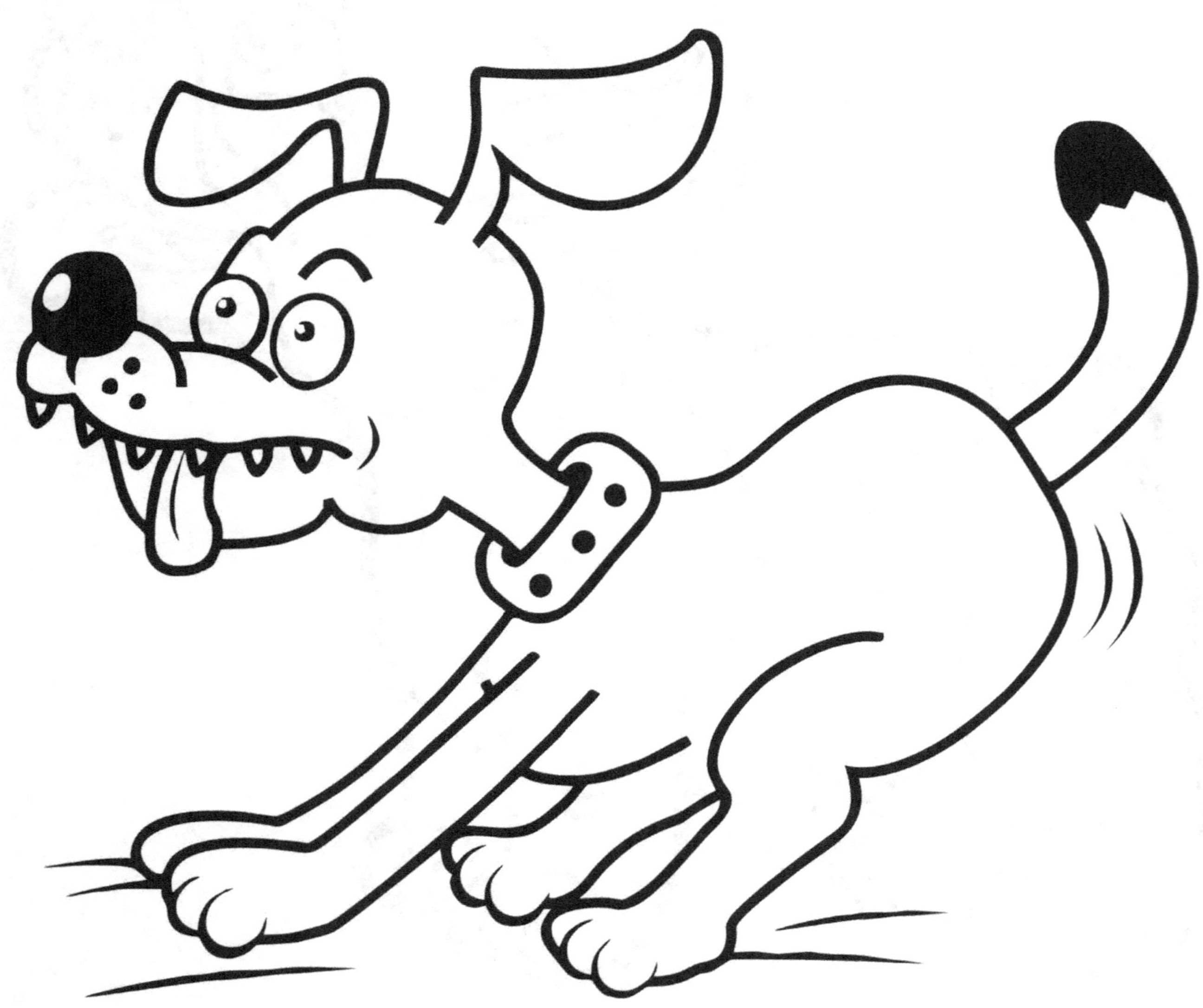

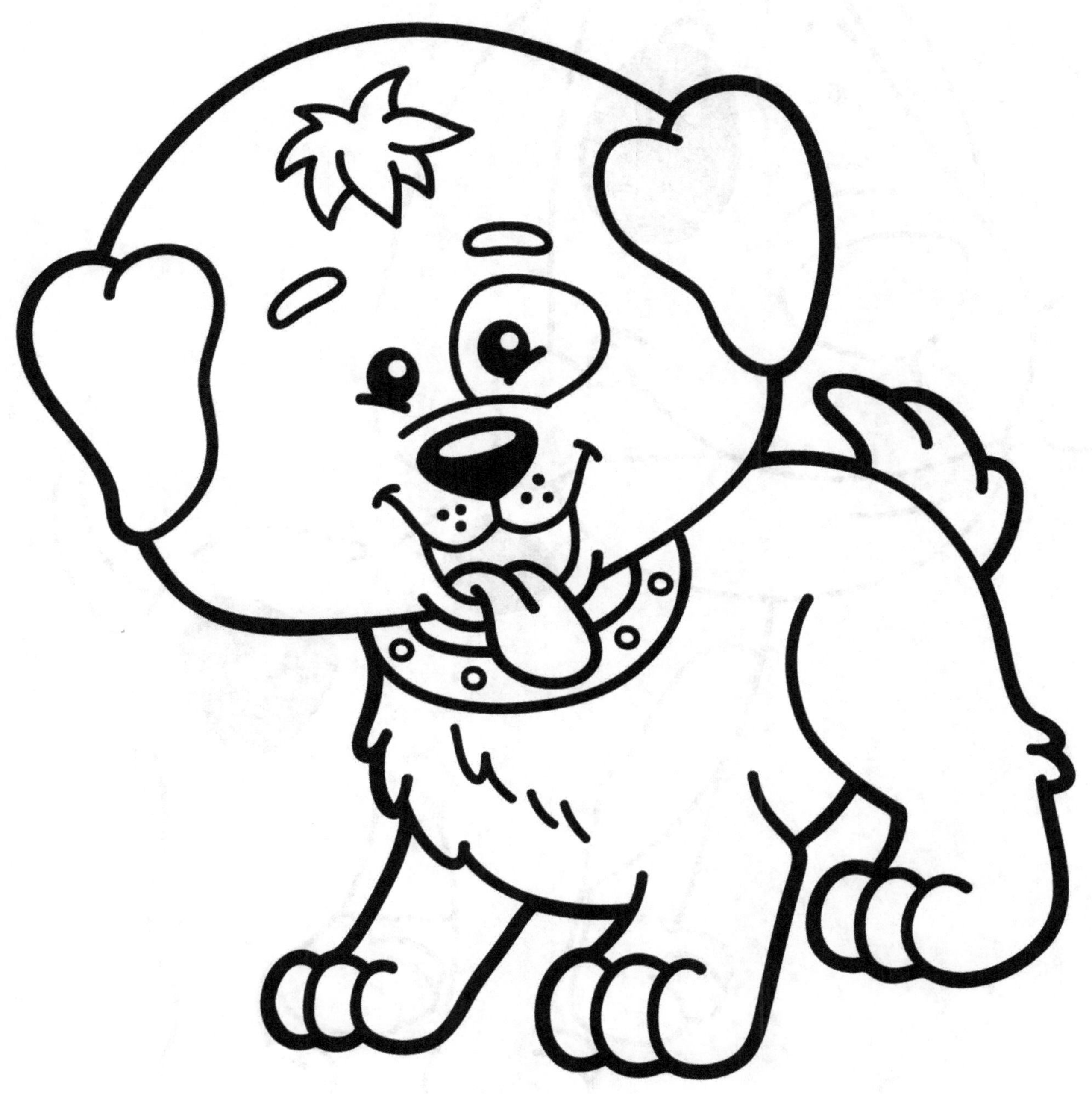

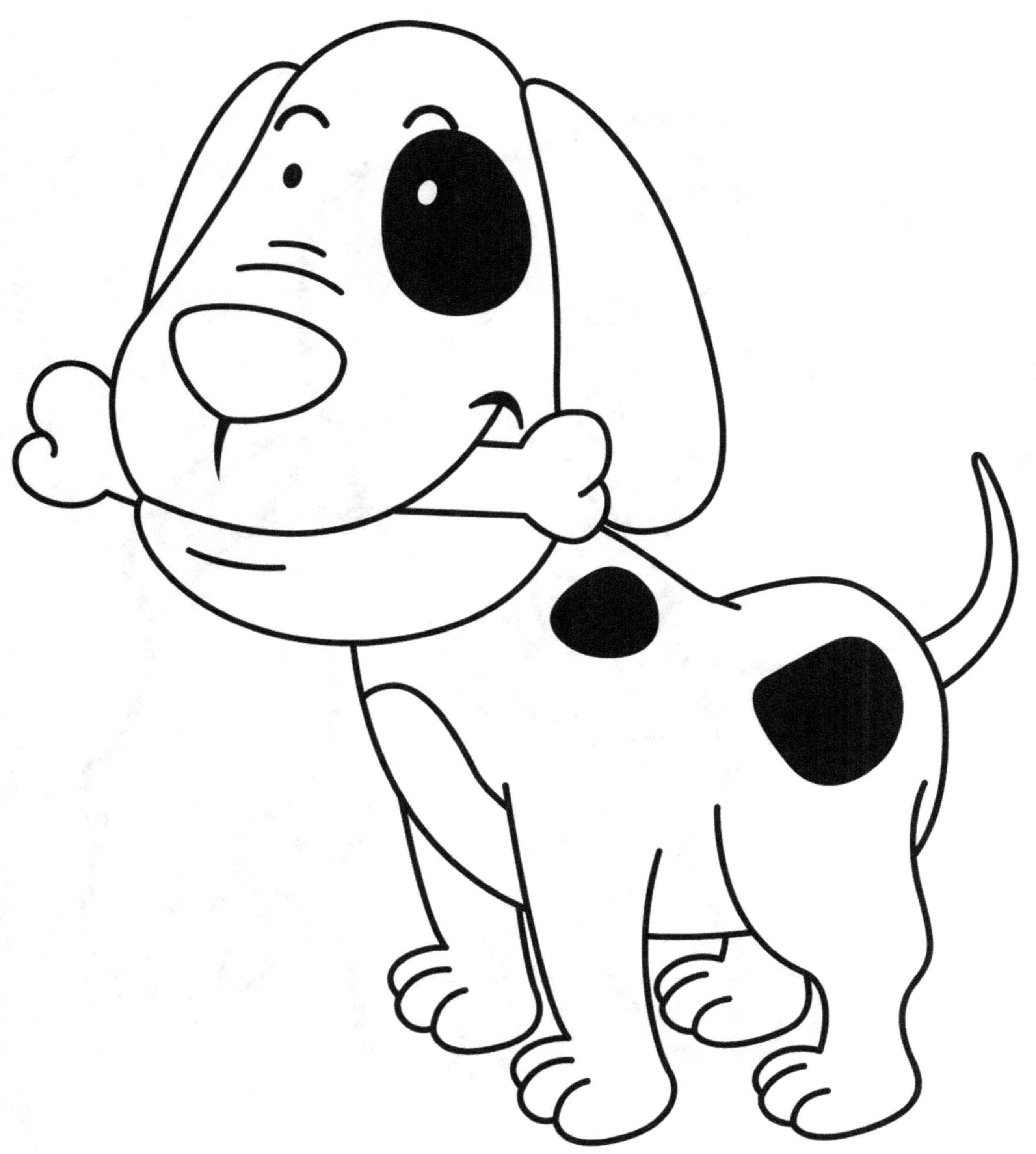